不安に応える
現役教師からの
アドバイス

保健体育教師になろう！

Hiroko Ito
伊藤博子・著

大修館書店

推薦文

公益財団法人 日本学校体育研究連合会会長／東京女子体育大学教授　本村清人

保健体育の教師をめざしている学生、院生の方々にとっては貴重な情報がたくさん詰まっている単行本が発刊されたことをまず喜びたいと存じます。そして、著者である伊藤博子先生と企画出版をされた大修館書店編集部に心からの敬意を表したいと思います。

教職を希望する方が大変多く、筆者も教員養成の大学に身を置く者の一人として実にありがたい思いです。それはとりもなおさず、教職の魅力、一言でいえば、一人一人の児童生徒が人生をいかに生きるか、その生き方に直接的にかかわる仕事だからでしょう。有能な若い方々に一人でも多く、魅力ある教職を目指していただきたいと願っております。

本書は、そのための情報、新卒採用教員としてのあるべき姿等において多くの示唆を得ることができますので、これを強く推薦したいと思います。

＊

今日、特に中学・高等学校の保健体育教員の採用は、生徒数の減少等もあって厳しいものがあります。教員養成の各大学とも様々な手立てを取りながら学生の教員採用合格率を高めるべく努めているのが実態です。しかし、ともすると、試験対応等のいわゆるハウツーに陥り、本来の教師としての資質能力を育てることなく送り出している状況もあります。新卒採用されて教育現場に飛び込んでも、1年ともたずに退職してしまう教師がいることがその証左です。だからこそ、教育委員会サイドからすると、非常勤講師等の経験が豊かな人物の優先的な採用を重視する施策にもつながっていくのです。

保健体育の教師である前に、その学校の教師であることが求められます。教育課程である体育と保健の授業はもとより、道徳（中学校）、特別活動、総合的な学習の時間の指導のほか、生徒指導、進路指導、部活動指導、クラス担任としての業務や保護者対応等で、その専門性を発揮していくこと。それが教師の喜びにつながっていきます。したがって、教師になるために勉強するのではなく、教師としての資質・能力を高めるためにこそ学ぶのであり、このことが根本になければなりません。

そのために本書は、著者が経験豊かな現役教師の立場から、公立私立の両方を視野に入れながら、学生や大学教員では窺い知れない内部情報や教師としてのあるべき姿等を可能な限り紹介をしているということから、他に例を見ない著作と言っても過言ではないでしょう。ここに示された内容等を把握しつつ、教職に関する理論と実践力を高めていくことが成功の秘訣となるでしょう。大学の中の学びだけではなく、小・中・高校の学校現場やボランティア活動を含めて多様な活動等に積極的に身を投じていくことが期待されます。

全体構成で異色なのは、体罰問題を扱う第12章です。著者も述べているように、大阪市立桜宮高等学校の事案や全柔連の暴行事件等があったからこそ加筆したと述べていますが、まさに放ってはおけないという強い危機感だったからと推察します。私も２０１３年９月に『体罰ゼロの学校づくり』（ぎょうせい）を刊行しましたが、根は深いものがあります。本書で加筆された趣旨は、体罰の連鎖を断ち切ることにあると思います。その視点で本書を読んでいただき、関連の書籍等を参考にしつつ、体罰の根絶を目指していかなければなりません。

終わりに、「教師は授業で勝負」。著者も述べているように部活動ではありません。

高校の保健体育教師は、全国（都道府県）高体連での活躍に意を注いでいる方が多いのは事実です。生徒や保護者、競技団体等の期待も厚いものがあります。だからこそ、部活動は学校教育活動の一環として高く評価されています。

その一方で、時として勝利至上主義、適切な休養日もなく教師も生徒も追い込まれているのではないか。生徒の勉強と部活動の両立の悩みと同じように、教師の教材研究、授業研究がおろそかになりはしないか。

体育と保健の授業で、教師とのかかわり・仲間とのかかわり等を通して、「分かった」「できた」、そのプロセスで「考える」学習場面があるからこそ分かる・できる楽しさや喜びが一層味わえ、達成感・有能感が高まります。結果として体力の向上もあります。ひいては「生きる力」の育成に大きな役割を果たすことになります。まさに「生きる力」を育むにあたって保健体育科は「主要教科」なのです。著者の思いと全く同感です。

本書が、保健体育の教師を目指している人の指針となることを願って推薦の言葉とします。

まえがき

私は現職の高等学校保健体育教師であるが、２００９年から同志社大学スポーツ健康科学部で嘱託講師として、「保健体育科教育法」という講義を週1時間担当している。教員免許の取得を希望してこの講義を受講してくる学生は多い。だが、彼らの全てが教員採用試験を受けるとは限らない。一般企業への就職活動はすでに大学３年生次から始まっている一方で、教員採用試験の結果が出るのは大学４年生の10月であるという現状を考えれば、それもやむを得ないことかもしれない。

だが、それでも保健体育教師になりたいと願う学生は毎年必ずいる。私はそうした学生に講義を通して、大学時代に学ぶべきことは何か、保健体育教師の現状とはどのようなものか、授業とは何か、クラブ活動とは何か、また、教員採用試験を突破することがいかに大変なことか、ということを伝えてきた。

特に、私自身が大学時代に故・高田典衛先生の講義に大きな影響を受けたこともあって、また、高田先生の本のほとんどが絶版になっていて入手できないという事実を前にして、先生の教えを次世代に伝承したいと強く願うようになった（第３章で講義録を記載し、先生の本の文献引用が多いのはそのためであることを了承していただきたい）。

実際に講義を担当してみると、受講してくる学生の意識は出身地域によって特色があり、公立・私学の違いも見られて多くの発見があった。学生から携帯メールを私のパソコンに送信してもらうことで、彼らの考えが集約できた。今までに習った保健体育教師のプラス・マイナス面一つを例にあげても興味深い意見があり、大学で教えることで私自身視野が広がったように思う。

ちなみに、同志社大学スポーツ健康科学部の設置に向けた準備室が私にこの講義を依頼してきたのは２００７年のことであった。新学部の設置に際しては、講義内容・シラバス・研究業績等の文書を文部科学省に提出する必要があり、認可がおりるまでにはかなりの時間を要した。この間「体育科教育」関連の本を読み直し、書店で文献を探した。小学校体育に関連する本はとても多いが、中学・高校関連の本はあまり多くない。「体育科教育学」関連の本は研究書として優れたものが多いが、私には難解に思えた。もっと現場の視点から出発した中学・高校の体育科教育の文献が必要であると痛感した。

　こうした問題意識もあって、大学での講義内容をベースに、大修館書店発行の月刊誌『体育科教育』で「現場からの体育科教育法」と題した連載記事を書くことになった。２０１２年の５月号が連載第１回で、最終第11回は２０１３年の３月号であった。現場からの視点を大事にし、実践的な手引きになるよう、保健体育教師をめざす学生に語りかけるつもりで書き続けた。

　本書はその連載記事にさらに加筆し、新たな章を設けたものである。本書を執筆した２０１３年は保健体育教師の体罰・暴力が大きな社会問題となった年である。保健体育教師に対して批判の目が向けられていることを自覚しながら体罰に関する章を設けた。

　いま、保健体育教師のあり方が厳しく問われている。「教科指導」が主であり、「部活動の顧問」が主ではない。部活動の指導が志望動機であったとしても、保健体育教師の第一の仕事は「授業」である。最終章で述べたように、生徒に文武両道を求めるのであれば、保健体育教師も同様に「授業」と「部活動」を両立すべきだ。本書はこのような考えを元に書かれたものである。

　私のささやかな実践や助言のいくつかが、保健体育教師をめざす学生に伝われば幸いである。本書を読んだ学生が一人でも多く教員採用試験を突破し、現場に出て、児童生徒の健やかな育成に携わってくれることを願っている。

本書は大修館書店編集部のご厚意によって出版できることとなった。深く感謝の意を表したい。

２０１４年新春

同志社高等学校保健体育科教諭　伊藤博子

Contents

第7章 保健授業も大切な仕事 71

第8章 保健体育教師の校内でのポジション 83

第9章 現実の保健体育教師像を理解する 93

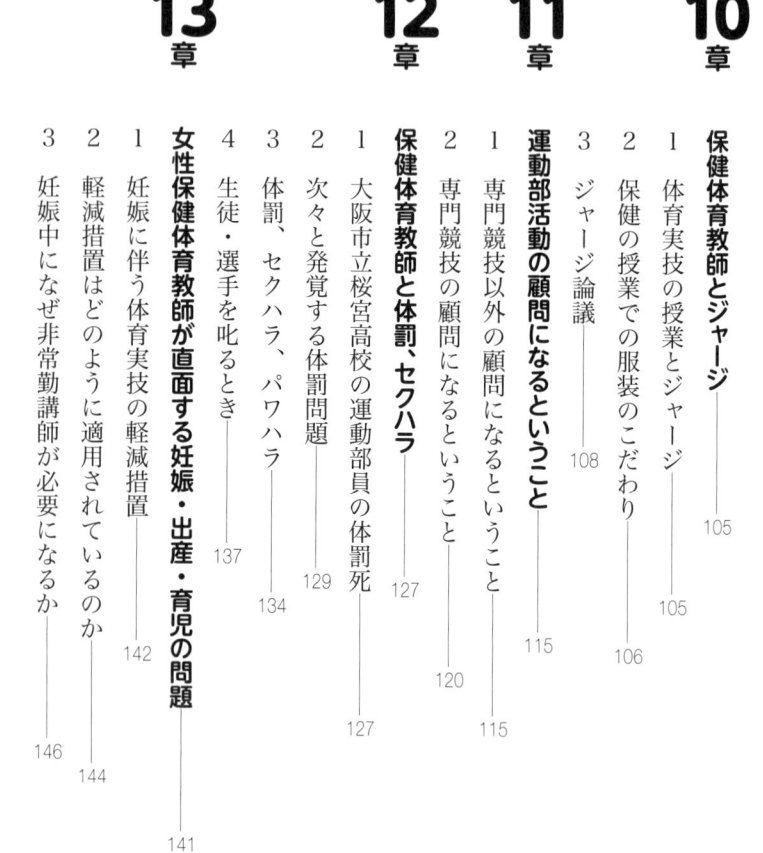

保健体育教師の1年間

4月　• 入学式・始業式　＊1年B組の担任になる。まだ表情があどけない。
• 新入生オリエンテーション
【京都府高等学校春季陸上競技大会】

5月　【京都府高等学校陸上競技対校選手権大会京都市内ブロック予選会】
• 中間試験
【京都府高等学校総合体育大会京都市内ブロック大会】
• 教育実習(5月最終週から3週間)

6月　【京都インターハイ】
• 球技大会
【近畿インターハイ】

7月　• 期末試験　＊通知簿づくりに追われる日々。もう少しで夏休み！
• 終業式

8月　【全国高等学校総合体育大会:全国インターハイ】
• 夏季合宿
＊生徒35人を引き連れて5泊6日の霧ヶ峰合宿。関東・関西6校の合同合宿は得難い経験だ。
【京都府高等学校ユース陸上競技対校選手権大会】

9月　• 始業式
【近畿高等学校ユース陸上競技対校選手権大会】
• 体育祭　＊体育祭パートの生徒と7月から取り組んできた。応援合戦も盛り上がる。
• 学園祭　＊クラス演劇は、最終リハーサル後に切羽詰って何回も練習する。

10月　• 中間試験
【京都府高等学校ジュニア陸上競技対校選手権大会】
【京都府高等学校駅伝競走大会】

11月　【近畿高等学校駅伝競走大会】

12月　• 期末試験・終業式
【全国高等学校駅伝競走大会】

1月　• 始業式
【全国都道府県対抗女子駅伝競走大会】

2月　• (私学)入学試験　＊制服姿の中学生の緊張が伝わる。

3月　• 期末試験
＊この後に進級判定会議が控えている。クラス全員が進級できるように願うばかり。
• 学校スキー・スノーボード教室
• 春季合宿

＊保健体育教師の1年は、勤務校の年間行事と、顧問を務める運動部の試合日程に大きく左右される。ここでは筆者(陸上競技部の顧問)の例をあげて、年間予定の例とした。

第1章 職業選択としての保健体育教師

学生であるあなたたちは、保健体育教師になりたいと思って本書を手に取ってくれたと思う。しかし、保健体育教師が具体的にどんな仕事であるのか明確に描き出せているだろうか。

職業を選択するということは、自らの人生を選択することであるといっても過言ではない。自分の能力と適性にマッチした職業を選ぶことができれば、仕事にやりがいを感じ、充実した人生を送ることができる（だが、そうでなければ後悔する場合もあるだろう）。「職業選択の自由」は、日本国憲法第22条第1項で定められている基本的人権の一つである。

この本では、保健体育教師という仕事の実際を具体的に紹介していくが、まずは本章で全体像を把握して欲しい。仕事の中身や労働条件を知ることで、あなたがこれから進もうとする方向を明確にイメージできるだろう。

1 保健体育教師の日常

保健体育教師は保健および体育の授業を行い、評価するのが基本の仕事である。保健体育教師はどのような1週間を送っているのか。時間割によって変わるので、例として私の2013年度の時間割を示す。1時間目は8時50分に始まり、6時間目の終了は3時10分である。高校の1時間は50分、授業の間は10分、昼休みは40分間である。

この時間割は、2年生の保健授業が週1時間×4講座、1年生の体育実技が週1時間×6講座、3年生の体育実技が週2時間×3講座からなっている。これには1週間に4種類の学習指導案が必要になる。

1週間の授業時間を合計すると16時間になる。16時間は、同志社高校の教師の平均的な持ち時間数である。本校では1時間目の前に礼拝があるが、一般の公立学校では、8時30分の教員の打ち合わせ、朝のショートホームルームから一日が始まる。空きの時間には授業準備、教材研究、クラス・クラブの仕事をし、合間を見つけて昼食をとる。水曜日の放課後は教員会議だが、それ以外の放課後は部活

時間割（2013年度）

	Mon（月）	Tue（火）	Wed（水）	Thu（木）	Fri（金）
1	保健 2A	体育 1GHa		体育 1ABCb	体育 3DEF
2		校内パトロール		体育 1GHb	体育 3GH
3	保健 2F	保健 2C	体育 1ABCa	2年担任会	
4		保健 2H	体育 1DEFa	体育 1DEFb	HR
5	体育 3ABC		体育 3ABC		宗教部会
6	体育 3DEF		体育 3GH		

動である。時間割にある授業以外の時間は、担任としての時間（ホームルーム・担任会）と校務分掌のものである。

校務分掌とは学校内の仕事を分担して受け持つことで、教務部・総務部・生活指導部・入試広報部などがある。私学校の入試広報部を担当すると、塾の説明会や、公立中学校に赴いて自校のＰＲをするなど、学外での仕事も多い。

担任はホームルームの時間を担当し、クラスの生徒を把握し指導する。掃除の点検、遠足の手配、保護者面談、通知簿の作成、学園祭の活動のサポート、進路に関する相談、調査書・学籍簿の作成など、多岐にわたる。

年間スケジュールは、中間考査・期末考査・学園祭など学校ごとに行事予定表で示される。保健体育教師は学期ごとに生徒の成績をつける。保健では他教科と同様に、試験問題を作成し採点する。年間スケジュールの中で、体育祭・球技大会・スキー実習などは保健体育教師が中心となって企画・実施する。これらが学校内での保健体育教師の日常である。

2 運動部顧問としての保健体育教師

大会日程は、クラブ顧問としての保健体育教師の年間スケジュールに大きく影響を与える。3月に開催される顧問会議で、次年度の大会日程が発表される。全国インターハイを頂点とする、地区ブロック大会（近畿大会等）、各都道府県大会（全国高等学校総合体育大会京都府予選会等）、市部大会などである。

新学期の初めは、競技シーズンの始まりでもあり、新入生を迎えてチーム登録、ユニフォームの注文など慌ただしい。ゴールデンウィークは大会で埋まり、5～6月にはインターハイの予選会を迎える。夏休みには合宿を行い、秋からは新人戦のシーズンである。中学・高校生が大会に出場するためには顧問の付き添いが必要であり、春・秋の大会期はほとんどの週末を大会会場で過ごす。保健体育教師は自分の専門競技の顧問になることが多く、かつ中体連や高体連専門競技部の専門委員を兼務し、学外での会議も多い。

部活動の指導以外で、大事な仕事は金銭の管理である。部活動はお金がかかるものだ。ユニフォーム代や合宿費など多額の集金には、必ず保護者宛の文書を出し、受領時には領収書を発行する。新入

保護者宛の文書

2013年4月16日

1年生陸上競技部保護者各位

〇〇高等学校陸上競技部顧問
伊藤　博子

試合用ユニフォーム費納入のお願い

新学期を迎え、皆様にはますますご健勝の事と存じます。

入部届を確かに受理いたしました。部活動にご理解を賜り、ありがとうございます。

日・祝日も大会や練習が続き、中学の時とは異なった生活を送ることになりますが、どうぞご理解いただきますようお願い申し上げます。

競技会・記録会などの参加料は、その都度徴収いたします。部費・ユニフォーム代・合宿費等、今後ご負担をおかけ致しますが、どうぞよろしくお願いいたします。

さて、3年間使用する上下ユニフォーム（チーム名入り・長袖）を揃えます。

つきましては、下記の費用を集めさせていただきますので、顧問まで選手を通してお支払いください。急なことで申し訳ありませんが、19日（金）までにお支払い下さいますようお願いいたします。

〇〇ユニフォーム（上）	11172円
ユニフォーム（下）	10164円
背中マーク代	1155円
ネーム刺しゅう代	1260円
計	23751円

部員の皆さんへ

お金は4月17日（水）・18日（木）・19日（金）に集めます。

学校に持ってきたらすぐに、体育科の顧問まで持ってきて下さい。

生に渡す文書を例として示す。

3　保健体育教師の給与及び勤務時間

平成26年度の東京都と大阪府の教員採用試験要項によると、保健体育教師の初任給は大学卒で、東京都が約24万2500円、大阪府が約22万円である（平成25年4月1日適用）。このほか、扶養手当、住居手当、通勤手当、期末・勤勉手当等の諸手当が条件に応じて支給される。また昇給に関して東京都では「昇給は、前年度の勤務成績により、原則として4月1日付で行われます」と記載されている。

公立の高校教師は公務員なので、給料は各地方自治体のホームページに公開されている。現在教員の平均年齢はまだまだ高く、給与体系は年功序列の部分が多いため、古くから勤めている教員が平均給与を底上げしている現状がある。2013年の、高校教師の平均年齢は44・2歳、月収は約45万円である。公立高校の場合、45歳で年収は740万円ほどである。一般企業より高く、公務員としての待遇となるため、職が安定しており、福利厚生も充実している。また、ボーナスも年2回4・5ヶ月分支給されている。

私立学校の給与の額は、学校によって異なる。同志社の専任教員募集要項によると、初任給は、21

万３８００円（２０１３年４月現在）、賞与年２回、諸手当あり、と記載されている。

勤務時間について大阪府では、

「勤務時間は、午前８時30分から午後５時00分、高等学校の定時制課程（夜間）は、午後１時15分から午後９時45分までです。ただし、学校によって若干異なる場合があります。」

とあるが、実際は部活動が５時に終わることはない。部活動終了まで指導を行ない、保健体育教師はしばしばその後に仕事をする。

４ 専任教師と講師の問題

今まで述べてきた労働条件は、正規採用の専任教師（以下、専任と略す）の話である。生徒には、どの先生が専任か講師かわかりにくいかもしれないが、専任か講師かは待遇の面で大きな差がある。一般企業に例えると、正社員と契約社員のような差だ。

講師には常勤講師と非常勤講師がある。常勤講師は専任教師と同様にフルタイムで働き、学級担任やクラブ顧問も担当する。非常勤講師は「直接担当する時間だけ」「週12時間」といった限られた時間の指導を担う。いずれも非正規の不安定な身分であり、次年度も続けられるか否かは、３学期にならないとわからない。保健体育科では次年度の専任教師全員の持ち時間を合計して、不足する授業時間を講師に依頼するからである。

高校非常勤講師の場合、1授業時間当たり1カ月1万２０００円～1万３０００円弱が相場である。週に8時間担当して、1カ月で約10万円だ。複数校をかけもちで担当する非常勤講師が多い。

常勤講師の給与は、おおよそ初任給程度か、少し下回る額である。仕事は専任教師よりもやや少ないだけで給与は安く、1年契約である。

近年の教員採用試験では、講師経験者には試験の一部を免除するなどの優遇措置を講じ、一定の配慮をする自治体が増えている。また、指導に関する実践的な出題が増え、模擬授業などが重視されている傾向があり、講師経験は採用試験に有利に働くと考えられる。

しかし、常勤講師・非常勤講師になれば、必ず専任になれるというものではない。あくまで、教員採用試験に合格しなければならない。講師の仕事をしながら、採用試験の勉強をするのは困難を極める。何度も採用試験を受験するがそのたびに不合格となり、年齢を重ねる講師も実際には多い。

私も大学卒業後の初年度は、非常勤講師であった。京都市の教員採用試験を受験したが不合格となり、同志社高校で1週間に15時間担当する非常勤講師となった。

1・2年生の女子の体育実技、2年生の保健を担当し、放課後は陸上部の生徒と練習する毎日であった。非常勤講師であっても、専任に負けないよう頑張ろうと思っていた。陸上競技では何度も合宿のコーチを担当させてもらい、充実した毎日だと思っていた。

3学期になって、急に専任の女性保健体育教師が退職することになり、私が専任の職に就けたのは、まさに千載一遇の幸運であったとしか言いようがない。だがその当時は、専任と非常勤講師の違いなどわかっていなかった。非常勤講師としては多い時間数を担当していたので、給与にあまり差がなかったからである。

しかし専任になって、大会や合宿で選手に付き添うと、出張手当を貰えることに驚いた。担任等の仕事は増えたが、生徒と深く関わるようになり、仕事にやりがいを感じるようになった。そして年齢を重ねるにつれ、専任がいかに守られた立場にあるかということを次々と実感するようになった。

結婚し出産しても産休が与えられ、復帰できた。病気になり1学期間休職したこともあるが、復帰できた。給与は男女同一賃金で昇給し、ボーナスもある。共済組合の保険に家族も加入できる。何より、定年まで勤務できるという安心感がある。非常勤講師の時には予想もできないほどの待遇の差があった。

＊

学生時代には、専任と講師の違いは理解しにくい。講師になればそのうち専任になれるものだろうと思いがちだ。保健体育教師をめざす学生諸君に強く言いたい。大学4年生次の教員採用試験に合格することを目標にしてほしい。勉強に一番時間を費やすことができるのは学生時代だ。職業として保健体育教師を選択するならば、専任をめざしてほしい。

［引用・参考文献］
○厚生労働省「平成23年度 賃金構造基本統計調査」
○情報サイト　Career Garden　http://careergarden.jp/koukoukyoushi/salary/

保健体育教師に
なろう！
不安に応える
現役教師からの

第2章　教員採用試験突破への道

私が持っている大学の講義「保健体育科教育法」の初回で学生に要望を聞くと、半数近くが「教員採用試験について教えてほしい」と答える。「保健体育科教育法」は採用試験対策の講義ではないので必要最小限の内容にとどめているが、ここでも同様に採用試験の概要を示す。

1　教員に採用されるまでの過程

大学で免許取得必要科目をすべて履修し、教育実習を経て、保健体育の教員免許状を取得する（中学校1種免許状、高等学校1種免許状)。

公立学校の場合、選考試験を実施し選考するのは教育委員会である。都道府県の教員採用試験に合格すると採用予定者名簿に登録される。その後に教育委員会や採用校の学校長の最終面接を受け、採用通知が届くことになる。

採用試験の出願時期は5~6月で、一次試験は7月、二次試験は8~9月に行われる。これらの公立学校の出願方法に関しては、都道府県教育委員会のホームページに掲載される。

4月になると、東京都と大阪府の教育委員会のホームページに教員採用試験情報がアップされる。大阪府の2013年の願書郵送締め切り日は5月7日であった。新学期と教育実習の準備で慌ただしい4年生次の時期が、教員採用試験の願書・書類作成の締め切りと重なることを知っておくべきだ。保健体育教師をめざす学生は、自分が受験する都道府県の出願時期がいつであるか、各地域の教育委員会のホームページで直ちに調べてほしい。それが第一歩だ。

私立学校の場合は、退職者補充等の理由で必要になった時以外に採用はしないのが普通だ。採用がある場合は、当該校のホームページに教員採用の記事が掲載され、公募の形がとられる。

全国の私立学校の採用情報は「日本私学教育研究所」のホームページ(http://www.shigaku.or.jp/)の「教職員採用情報」に掲載されるので頻繁にチェックしてほしい。年間を通して公募があり、公立学校より早期に実施されるケースが多い。出願期間が5~6月、試験は7月の公募が一般的だ。

採用試験は私立学校独自のやり方で行われ、選考するのは保健体育科や人事に関わる私立学校の教員が中心となる。

これらの採用試験の出願期間は教育実習の時期と重なる場合が多いので、注意が必要だ。

2　採用試験対策

公立学校の一次試験は筆記試験と面接試験が行われる。筆記試験には小論文・一般教養・教職教養・専門教科（保健体育）の４科目がある。教員採用試験の問題集を購入して勉強し、筆記試験に備える。二次試験は面接と実技試験が実施される。実技試験に関しては、実施要項で種目を調べて練習しておくことだ。私立学校の採用試験は学校によって異なるが、書類選考を経て筆記試験、面接試験、実技試験となるのが一般的である。

全国の公立学校の教員採用試験に関する情報は、「東京アカデミー教員採用試験」のホームページ(http://www.tokyo-ac.jp/adoption/)の都道府県市別試験ガイドに詳しく掲載されているので見てほしい。

教職科目は２年生次には開講されているはずだ。２年生から自分の希望する都道府県の教員採用試験対策の問題集・参考書を購入する。まず、一般教養と教職教養に関連する書籍の購入を勧める。「一般教養」は高等学校程度の全科目の試験だ。センター試験をもう一度受け直すようなものである。大学に3教科入試・推薦入試で入学した学生は、一般教養の試験に弱い点があることを自覚して問題集に取り組んでほしい。この他に「専門教科」（保健体育）の問題集・参考書も必要だ。

２０１３年度に行われた、大阪府の中高保健体育科教員採用試験では、中学校は受験者数５９８人に対して一次合格者82人、高等学校は受験者数５７７人に対して一次合格者１２２人であった。まず一次試験を突破することが最初で最大の難関になる。

二次試験の実技に関しては「学習指導要領解説　保健体育編」（東山書房）を熟読することを勧める。ここには保健体育教師に必要とされる教科の目標・内容だけではなく、体育実技についても詳述されている。

中学校の「器械運動」領域のマット運動を例にあげると、51頁に第3学年の主な技の例示の表があり、基本的な技と発展技が明記されている。

【発展技】伸膝前転、跳び前転、伸膝後転、後転倒立、側方倒立回転跳び1／4ひねり（ロンダート）、前方倒立回転、前方倒立回転跳び、片足側面水平立ち、Y字バランス、倒立ひねり

水泳領域では、81頁に各泳法の動きの例の表があり、クロール、平泳ぎ、背泳ぎ、バタフライと、スタート・ターンのポイントが明記されている。

144頁に「体育分野の領域及び内容の取扱い」の表が掲載されている。中学校の体育分野ではどのような運動が扱われているのか、その概要を把握できる。保健体育教師は、これらの動きの見本を生徒に正確に見せることが求められる。したがって、「中学校学習指導要領解説　保健体育編」に書かれていることが、教員採用試験の実技試験の内容になることが多い。

参考までに、2013年度の東京都の二次試験の内容を記す。

以下の6種目全てを行う。

1　器械運動〔マット運動〕（倒立前転、側方倒立回転跳び1／4ひねり、伸膝後転、片足正面水平立ち、前方倒立回転跳び）

2　陸上競技〔走り高跳び〕（はさみ跳び）

3　水泳〔水中スタートから25m平泳ぎ、ターンから25m背泳ぎ〕

4　球技〔サッカー〕（ドリブルからのシュート）

5　武道〔柔道〕（前回り受け身、大腰、支え釣り込み足、横四方固め）

6　ダンス〔現代的なリズムのダンス〕（第一次選考合格者及び免除者にあらかじめ指定する課題及び課題曲に合わせたダンス60秒程度）

体育実技を指導する上で必要かつ十分な技能の理解の状況、学習指導要領及び解説に示されている技能の習得の状況を評価する。

3　競技成績を過信しない

税理士・国家公務員試験等を受験する学生は、学生時代によく勉強する。だが体育・スポーツ系の学生は、保健体育教師を志望すると口では言いながら、採用試験に向けて真剣に勉強する学生は多くないように思える。自分の競技成績で何とかなると思っているのがその理由ではないか。特に甲子園・インターハイ出場者、インカレ入賞者に多い。

確かに、競技成績が評価され、試験で優遇されるケースがある。京都府の教員採用試験には「スペシャリスト特別選考」という選考区分があるが、その該当者は、「選手として、国際的規模の競技会に日本代表として出場した方又は日本選手権大会若しくはこれに準ずる全国的規模の大会において優秀な成績を収めた方」のみである。高校・大学レベルの試合が評価されるのではない。

本当のトップアスリートでない限り、競技成績をあてにするのはやめるべきだ。保健体育教師になるには、しっかりとした学力と幅広い実技能力を身に付けて、教員採用試験を〝正門〟から突破しなければならない。

4 採用試験は郵送から始まっている

同志社高等学校ではこの7年間に保健体育教師の採用試験を3回行った。3回の採用試験に立ち会って感じたのは、郵送方法、提出書類、履歴書の書き方の不備が目に余るほど多いことであった。「簡易書留」郵送の指定を守らず普通郵便で送付、あるいは必着期日の遅れなどが多数あった。また、提出書類（成績証明書、卒業見込み証明書など）が揃っていないケースも多かった。履歴書の不備にはもっと驚かされた。押印なし、ふりがななし、提出日付なし、西暦と元号（昭和、平成）の混じり合った経歴書などである。教員志望の学生は一般的な就職活動の機会が少ないせいか、書類作成に弱いのではないかと感じる。

これらの不備は「書類選考」で確実にマイナス材料となる。書類の作成と提出に不備があれば、どんなに頑張って勉強していたとしても、採用関係者の印象を悪くする。そのことを肝に銘じておくべきだろう。

◎卒業論文・ゼミ論文の研究テーマ及び内容（簡潔に述べること）

「文学作品におけるスポーツに関する一考察」が私の卒業論文のテーマです。近年、リレーや駅伝を扱った作品がベストセラーになっていますが、小説でのスポーツの扱われ方には時代背景がうかがわれます。山岳小説が多かった昭和に比べ、平成になって多くのスポーツが扱われています。また、少年漫画誌は子どもたちがスポーツを選択する際に影響を与えています。映画・テレビ・小説・漫画など、学校外でスポーツがどのように扱われているかを研究しています。

◎保健体育教師を目指した理由

子どもの頃から体を動かすことが好きで、体育の授業が楽しみでした。中学・高校の部活動で「スポーツの楽しさ」「仲間の大切さ」を学びました。スポーツの楽しさを一人でも多くの生徒に伝えるために保健体育教師を志望しました。また中学３年次の担任の先生が、進路選択に悩んでいる私に親身になって相談にのって下さり、私は納得のいく選択ができました。私も一人一人の良さを認め、可能性を信じ、全ての生徒にその時に必要な指導・支援ができる教師を目指したいと思いました。

◎自己アピール

私は目標達成のための努力を惜しみません。目標を達成するために今やることは何か常に考えながら行動します。陸上競技では目標記録を出すために練習計画を綿密に考え、自己管理に優れています。また大学時代は陸上競技部女子主将を務めました。日々の練習の中で課題を提示し部員の意識を高めることにより、関西インカレでは団体優勝しました。常に前向きに物事をとらえ、チャレンジ精神に溢れています。体力には人一倍自信があります。へこたれないのが私のモットーです。

◎本校を志望した理由

「自由・自立」を基本とする貴校の校風に強く惹かれました。一人一人の可能性を引き出し主体的な姿勢を育む貴校の精神は、多彩な自由選択科目が置かれているカリキュラムからも感じられます。伝統に培われた一貫教育により、ゆとりを持って学校行事やクラブ活動、国際交流が行える学校である点にも魅力を感じます。貴校を訪問して自然環境に恵まれた学校施設を拝見し、貴校で保健体育教師として働きたいと熱望するようになりました。

履歴書の例

履 歴 書

平成24年 6 月10 日現在

ふりがな　い　とう　ひろ　こ	印	
氏 名　伊 藤 博 子		
平成2年 5月 5日生（満 22 歳）	性別 女	
ふりがな　きょうと、ふきょうとしさきょうくいわくらおおさぎちょう　いわくらはいつ		電話番号
現住所 〒606-8558 京都府京都市左京区岩倉大鷺町88番地1号　岩倉ハイツ101号		075-123-4567
ふりがな		携帯番号
連絡先 〒　（現住所以外に連絡を希望する場合のみ記入）		080-123-4567

年	月	学歴・略歴など（項目別にまとめて書く）
平成21	3	京都府立宝ヶ池高等学校 卒業
平成21	4	大修館大学 スポーツ学部 スポーツ学科 入学
平成25	3	大修館大学 スポーツ学部 スポーツ学科 スポーツ教育学専攻 卒業見込
		職　歴
		なし
		以上

所属（経験）クラブ	中学	高校	大学
	バレーボール・陸上競技	陸上競技	陸上競技

趣味	特技・資格
読書（司馬遼太郎作品を愛読しています） ダンス（エアロビクス、ジャズダンス、ヒップホップなどジャンルを問わず踊ることが好きです）	実用英語技能検定2級 取得 普通自動車第一種免許 取得

5　履歴書の書き方

私は学生に履歴書を書く練習をさせている。ある私立学校の指定履歴書の一部を図に示す。この程度でも、一回でまともに書ける学生は1割程度である。

高校の正式名称は、公立学校の場合は「○○県立△△高等学校」である。使用する年号は全て統一する。元号を使用する場合は提出日・生年月日・学歴すべて「平成」を使用し、西暦を使用する場合はすべて西暦である。漢字の読みは「フリガナ」の場合はカタカナで「ふりがな」の場合はひらがなで書く。

何度も下書きをしてから清書をする。清書に書き間違いがあれば新しい用紙に替えて書き直す。修正テープや修正ペンの類いは使用厳禁である。印鑑は朱肉で押すものを使用するが、全てを記入し終わってから押印すると、かすれ・ゆがみなど失敗した場合に全部書き直さなければならない。清書をする時は「①押印→②本文手書き→③写真貼付」の順に行うのが賢明である。また、面接は「写真」で始まっていると言っても過言ではなく、プロのカメラマンに撮ってもらった写真を使うのがベストである。

右半分の論述部分（「志望理由」「自己アピール」「目指す教師像」「卒業論文の研究テーマ及び内容」など）は、丁寧にしっかりと書いてほしい。採用に関わる関係者全員が目を通す部分で、当然ながら面接試験の際に重要視される項目となる。

論述部分の下書きは、ワードで作成することを勧める。自分の字の大きさで一行に何字書けるか数え、字数を設定する。見本の履歴書の場合、5～6行にまとめる。推敲し、完成した文章を、ゆっくりと書き写す。時間をかけて丁寧に取り組んでほしい。

［引用・参考文献］

○矢島雅己（２００９）『最新最強の履歴書・職務経歴書』成美堂出版、28～31頁
○文部科学省（２００８）『中学校学習指導要領解説　保健体育編』東山書房
○日本私学教育研究所ホームページ　http://www.shigaku.or.jp/
○東京アカデミー教員採用試験ホームページ　http://www.tokyo-ac.jp/adoption/
○東京都教育委員会ホームページ　http://www.kyoiku.metro.tokyo.jp/buka/jinji/26senko/26jissi/yoko-sikaku.pdf
○大阪府教育委員会ホームページ　http://www.pref.osaka.jp/osaka-pref/kyoshokuin/kyosai/h26kakuteichi.html

保健体育教師になろう!
不安に応える
現役教師からの
アドバイス

第3章 高田典衛を知っていますか？

高田典衛先生（以下、高田と記す）は、昭和の「小学校体育のカリスマ教員・指導者」として、学校現場に絶大な影響を与えた人物である。

高田は東京教育大学（現筑波大学）附属小学校で20年間の教員生活を送り、教頭を経て１９６８年には当時の文部省体育官に転出した。教員在職時から、東京教育大学体育学部で学生に講義を始め、１９７４年に筑波大学、１９７８年に横浜国立大学の教授に就任した。高田は、

単著23冊
編書48冊
共著32冊

共編著９冊
指導書６冊
監修23冊

と合計１４１冊もの膨大な著書を執筆した。また雑誌『体育科教育』（大修館書店）、『体育の科学』（杏林書院）に連載された高田の文章は、現場教師の熱烈な支持を集めた。高田ほど体育の授業について多く書き残し、授業風景・児童の写真を著書に収めた人はいないだろう。授業研究会で全国の小学校を訪問し〝授業の神様〟とまで呼ばれたが、１９９３年（平成５年）、78歳で逝去された。

私は大学時代の高田の講義に感銘を受け、今もそのときのノートを残している。最も印象に残った講義の一つであったからだ。学生であった私にとって、実践経験に裏打ちされた高田の講義は非常に説得力があり、毎回新しい発見があった。現場を知らない学生にも良い体育の授業像が明確にイメージできた。そのおかげで私は、今日まで35年以上にわたって学校で子どもたちの教育に携わることができたと思っている。

１９７４年に東京教育大学で行われた高田の講義「発育発達における陸上競技」を、今日の社会状況に合わせて適宜修正し、ここに再録する。

1 発育発達段階による特徴

生まれた時は未熟・虚弱であり、何もできない状態からスタートする。だから、オオカミに育てられればオオカミのようになることもできる。大人は子どもに対し、人間のように育てていくようにし向ける。発達とは人間になる過程である。

1 1〜5歳の発達

(1)直立姿勢(1歳)

子どもは1歳を過ぎると直立の姿勢で活動するようになる。内臓は人間の身体の前にあり、腰に重みのかかる難しい姿勢であるが、この姿勢になることが人間になるということである。直立姿勢になることで、手が使えるようになる。手でいろいろな物を作り、食べるという動作を通して脳が進化した。これが人間とサルの違いである。

(2)変形姿勢(1歳)

はう、転がるなど、腕と手で自分の身体を操作する運動である。四つんばいの姿勢ができるかどうかは大切なことで、手に力が入らない子は四つんばいの姿勢がうまくとれない。人間らしさとは、いろいろなことができるということである。多種多様な考え方をする、運動のレパートリーを多く持っているということが、人間が他の動物と違う点である。

体育とは、人間らしく育てていく教育であり、運動のレパートリーを自ら獲得していこうとさせるものである。

(3)高低移動(2歳)

子どもは2歳以降10歳ごろまで、高い所を見るととにかく登りたがる。階段を上がりたがる。危険だからと大人が高い所に上がることをやめさせ、小さい時にこういう経験をしていない子どもは高い所を怖がるようになる。

(4)物を扱う運動(3〜4歳)

物を持つことが人間のスタートである。子どもは3歳を過ぎると、ボール・なわ・棒など、各種の物を扱う運動に急速に興味を示し、次第に物を扱う欲求を高めていく。ボールを持つ、ハサミを動かすなどの動作を頻繁に行うと、手の動きが将来よくなる。新体操のような物を持った体操をやらせるとバランスのいい子どもになる。

ボールへの取り組ませ方は気をつけないといけない。子どもに初めてボールを与えると、持ちたがる・蹴りたがる・転がしたがるものである。しかし往々にして大人は、パスキャッチのような動きを

子どもの発達

1歳 直立　変形 ↓　↓	 独り遊び ↓
2歳 ↓　↓ ↓　↓　高低 ↓　↓　↓	↓ 平行 （同年輩）
3歳 ↓　↓　↓ ↓　↓　↓ 物を扱う ↓　↓　↓　↓	↓ 合同 ↓
4歳 ↓　↓　↓　↓ ↓　↓　↓　↓ 動きに対応 ↓　↓　↓　↓　↓	↓ 共同（分担） 組織（ルール）
5歳 ↓　↓　↓　↓　↓ 集　団　遊　び	↓

やらせたがるものだ。

たとえ大きな柔らかいボールであっても、ボールを受ける・投げるという動作は子どもにとってとても難しい。体の小さな子どもにとっては、ビーチボールのような柔らかいボールであっても、大人にすれば大玉転がしの玉が自分に向かってくるように感じられ、ボールに対する恐怖心が生じることがある。ボール嫌いにさせてしまうような教え方をしてはいけない。

⑸動きに応ずる（4歳）

人の動き・水の動き・音の動き・物の動きなど、さまざまな動きに対する運動である。人の動きに応ずるものは鬼ごっこ・駆けっこなどがあり、陸上競技の基礎になる動きである。水の動きは水泳であり、音の動きはダンス・行進などである。物の動きはなわとび・球技などである。ボールゲームは物に対する動きの中で最も複雑である。ボールの動き・相手方の動き・味方の動きなど、絶えず変化する動きに対応することが必要である。

人間を人間らしく育てるには、5歳までに表のような流れを身に付けさせることである。人間らしい脳の発達のためには、このような遊びが必要だ。このように育ってきた子どもは素晴らしい子どもであるが、クラスには2～3人しかいない。社会性と子どもの動きの発達には相関関係があり、5歳になってルールを無理なく守れる子は、これらの動きがほぼできているものだ。そのために必要なことが2つある。

①病気をさせない。けがをさせない。どういう時に子どもがけがをするか、体育教師は知っておかなければならない。

②子どもは同年輩かそれに近い仲間と一緒に、多くの時間を過ごさなければならない。

⑹集団遊び（5歳）

模倣遊びはダンス・劇・文化・絵画の、競走遊びは陸上競技の、挑戦遊びは器械体操の基となるものである。鬼ごっこを面白いと感じる子は集団遊びに熟練した子である。

※疾走のフォームは直立姿勢の生活を5年間やっていると確立してしまう。小さい時に楽しい遊びをさせながら、時にきれいなフォームの見本を見せると、子どもは真似してやってみたがる。これは人間を賢くさせるやり方である。小学校1年生から4年生までの年代では疾走のフォームはほとんど同じであり、大きくなってからフォームを直すことは大変難しい。

2　6～9歳（小学校1～4年生）の発達

駆けっこは短距離・長距離の、跳びっこは幅跳び・高跳びの、投げっこは投てきの前段階である。

1年生から2年生の時期はまだ、陸上競技の決まった形を教えてはならない。この時期には、仲間や先生と一緒にやる楽しさを経験させ、鬼ごっこの段階の競走でよい。

4年生になり、記録をとることで自分とのたたかいを経験する。50mのタイムが10秒の子が9・9

秒になると「私としては初めて9秒台に入った！」と歓喜する。到達した新しい自分を発見する。陸上競技らしいものが出てくる段階が、4年生ごろである。

3　10～16歳（小学校5年生～高校1年生）の発達

思春期といわれる時期で、物事に対して「好き・嫌い・無関心」の気持ちがはっきり分かれる時期である。

文化財としての「陸上競技」の形が作られる時期であるが、この段階で放送陸上（現在では全日本中学校陸上競技選手権大会、全日本中学校通信陸上競技大会：伊藤）に勝たせることが、将来良い選手になれるのか、人間として大成するかについては分からない。次に示すように、この時期の児童・生徒の発達段階に対する理解が必要である。

(1)身体の急速な伸長

急激に体が大きくなる。女子は10～11歳、男子は11～12歳にかけてが著しい。手足が伸び、内臓が大きくなることで、陸上競技の記録が驚くほど伸びる。一方、不安を感じる時期であり、学校では試験に対する不安、異性に対する不安などを感じる。また、病気になりやすい時期である。

(2)自己顕示欲が強くなる

自分を確立したいという強い欲望を感じる。自己を顕示したいという欲求を持つ。

なりたい、なれそうだ、なれる、という気持ちが強い。そのような時期であるから、一つの経験がプラス・マイナスのどちらかに決定的に作用してしまうことが多い。例えば「競技会」を経験すると、満座の中で勝ったうれしさを感じる生徒と、負けたことを恥と感じて二度とやるものかと思ってしまう生徒に分かれる。授業においても、恥をかかされたために、陸上競技そのものを一生馬鹿げたものだと思う生徒もいる。

(3)「秀」「強」「優」に対するあこがれ

強い者、優れた者にあこがれる。スターの良さが分かってくる。この「あこがれ」の気持ちは思春期の持つ発達上の特性である。この時期、学校の教師というのは大きな影響を与えるものである。例えば、陸上競技に優れた生徒がいた場合の対応を考える。

①この生徒は陸上を伸ばしてやればいいのか？
②別のことを伸ばしてやればいいのか？
③それとも両方とも、ほどほどにやらせばいいのか？

その生徒がどのタイプであるかを考えるのが教師の役割であるが、陸上だけを与えてしまう教師が多い。挫折したときに、それに代わるものが用意されていればよい。しかし、すべてを陸上のみにかけさせる教師は、競走馬を育てているようなものである。

授業についても、思春期の３つの特性を当てはめて意味を考える。

①自分が伸びているのを自覚する。

②自分を発見する。

③あこがれの気持ちをグループで持つ。

陸上をやりたくない生徒もいる中で、陸上を教材とするにはこのような気持ちを育てていくことが大切である。走るのが遅い生徒が楽しさを感じないと授業が成立しない。速い生徒と遅い生徒を同じグループにした上で、授業には次の3つのやり方がある。

①リレー重視

②個人の記録の伸びを重視——自分の記録に自分が挑戦する。遅い者ほど伸び率がいい。

③能力別——自分の相棒を決めてやらせる。

⑷花が咲く前

花が咲く前の陸上競技を愛好する形を大切にしなければならない。今の日本陸連のやり方は選手をつぶしているのではないか？　三種競技・五種競技に熱中させることが大事である（現在は中学四種競技：伊藤）。

4　17~27歳（高校2年生~社会人）の発達

陸上競技の花が咲くともいえる成熟期である。人間として同一の条件で競うこと、練習の中で自分を創造することが大人になってからの陸上競技である。競技の受け止め方は個人によって違う。

⑴没入

朝から晩まで全生活を陸上に懸ける。終始一貫型であり、織田幹雄・吉岡隆徳（ともに戦前の陸上競技のオリンピック選手：伊藤）などである。

①陸上で生きる

女優の高峰秀子の随筆「升田」の中に次のような一文がある。「『～のことしかわかりません』と言いきれる立派さ」――文化財としてのスポーツ、「陸上競技」を極めることに意味がある。

②滅びる

ただ、いつまでもスターではいられない。歳をとってもスターであったころのことしか思い出せない人がいる。なまじっか、やらなかった方がよかったのではないか。

⑵活用

生活の全部を捧げることはやりきれない。中途半端型であり、松田岩男・高田典衛（松田岩男＝短距離選手として活躍後、スポーツ心理学者：伊藤）などである。

①活用しながら、陸上以外のこともやっている

②楽しみとして陸上をとらえる。この期間だけ楽しんでやっている。やっている時だけ楽しんでいる。

「没入」「活用」「楽しみ」など、それぞれの受け止め方を認めることが大切である。

2 「学習の意欲に点火する」授業とは

その先生が受け持つと、みんながうまくなるという先生がいる。そのような先生は、教え込もうとはせず、「学習の意欲に点火する」ことを意識して授業をやっている。点火するためには次の4点が大切である。

1 先生も一緒にやる

①先生も一緒に運動をやっている。

②やってみせた時に生徒がなるほどと思うような運動ができる（倒立しながら倒立の説明ができる先生がいる）。

③下手だけど、ことあるごとにやっている。一緒にやろうという真面目な気持ちがある。

技術を教えることも教育だが、一つの教材を先生がどうとらえているか、先生そのものを子どもが学びとることも教育である。先生＝人間の一つの生き方であり、先生の長所短所を前向きに理解したいものだ。

④専門家らしい服装をせよ。

金をかけて生徒以上に立派なものを着ることが大切である。先生と分かる服装をする。40～45歳をすぎた体育教師は、文学の中で人間の哀れさを表すものとして多く扱われている。くたびれた体操服姿で表現されている。一緒にやるのは大変なことであるが、生徒があこがれの気持ちを持てるような運動と服装をすることは大事なことである。

2 記録をとる

授業中に生徒がどういう行為をしたかを記録する。専門家として記憶しておく。「私のことを授業の中で先生は知っていてくれた」という思いは、生徒にとって大きな意味をもつ。

エリートはエリートが好きであり、体育の下手な生徒は自分が先生から好意を持たれていないと思っている。ノートに生徒の名前を書き、その子が授業中にしたことをメモする。1ヶ月やってみて何も書いてない子があれば、それはその子を見ていなかったということだ。町医者がこのことを「カルテ」という形で一番よくやっている。

授業をやりっ放しにするのではなく、一人一人の生徒を記録する。こういうことをやってみてはじめて「君はどうしてやらないのか」と言うことができる。ただ感情のみで威張るのは駄目である。お互いに平凡な一般の人間である。だが、素人ではできないことをやっていなければ専門家とはいえない。

3　下手な者を上手にする

授業をしても、どうしても「燃えない部分」が生徒の中にはある。「自分は下手」「嫌い」と思っている生徒である。

そのような生徒をどう扱うかが、意欲に点火する時に重要である。下手な生徒を喜ばせる指導の方法を、どれだけその先生が用意しているかが問われる。燃えない部分をかわいく思えるようになると全部が燃える。できない生徒ができるようになれば全部がレベルアップする。できる子は、あなたが教育してできるようになったのではない。初めからできていたのだ。

4　新しい発見をさせる

体育の先生のタイプは3つある。

【遊ばせ屋さん】授業がうまいといわれる。うまく遊ばせて楽しませる。

【しごき屋】しごくだけでは駄目で、先生が変容しなければ子どもは伸びない。

【学ばせ屋＝教え魔】教育とは生徒を変革する場である。

知的・行動的な発見を授業の中で教えていく。体育は教育の一つの領域であるが「体育でなければ教えられないこと」がある。跳び箱が跳べた時と跳べない時は、体の何が違うのか〈注〉？　人間とは何だ、人間と人間が一緒に運動するとはどういうことかを考える。「健康」「体力」について学ぶ。健康な生活をし、体力を付けるにはどうしたらよいかということをきちんと理解させる。

〈注〉跳び箱が跳べた時と跳べない時は、体の何が違うのか？

　子どもたちにこのことを尋ねると、いろいろな答えが返ってくる。「手の着き方」「やる気」など。体の中のどの部分が違うのか、一言で答えるように再度尋ねる。正解は「神経」である。「つながっていなかった神経がつながった」ということだ。脳は跳び箱を跳ぶという動作を行うとき、体のさまざまな部分に指令を出し、神経から神経への伝達が行われる。神経のつながりにより、動作ができるかできないかの違いが生じる。

保健体育教師に
なろう！
不安に応える
現役教師からの
アドバイス

第4章 よい体育授業とは

この章では「よい体育授業」について考えるが、まず体育という教科の特徴を述べる。

1 体育と他教科の違い

体育と他教科（国社数理英、芸術、家庭、情報など）との大きな違いを2つ挙げるとするならば、「体操服に着替える」ことと「運動する」ことだと思う。

1　体操服に着替えること

この「体操服に着替える」ことは大きな特徴だ。必修科目でなかったら、全員が体操服に着替えて毎時間集まるだろうか？

入学すると生徒は体操服を購入する。スポーツ用品メーカーにとって体操服は毎年確実に購入者が確保できる市場であり、新商品のカタログがよく学校に送られてくる。ある社ではスクールカテゴリーという分野を立ち上げ、デザイン性を重視した体操服を販売しようとしているほどだ。

生徒が体操服に着替える場所は、公立共学の高等学校の場合、男子はホームルーム教室（以下、教室と略す）、女子は更衣室というのが一般的である。私学の男子校や女子校も、教室が更衣場所である。公立中学校の場合、男子が着替える教室と女子が着替える教室を別にしていることも多い。

教室で着替える場合、移動は教室から教場の距離だけである。自分の机の横で着替え椅子の上に衣服を置くことができるから更衣に必要な面積を確保できる。

一方、更衣室はどうであろうか。更衣室で着替える女子高校生の現状を述べると、10分間の休み時間に、教室→更衣室→教場と移動し、体育の授業が終了すると教場→更衣室→教室へと移動しなければならない。

更衣室の面積は、教室より狭い学校が多い。しかも前後2時間分、講座人数の倍の生徒が更衣室を使用するから非常に混み合う。教室には冷暖房がついていても、更衣室に空調設備がないところも多いので、夏は暑く冬は寒い。

体育を嫌だと思う生徒の気持ちの中に、更衣のわずらわしさも無視できない要素になっているのではないか。しかし、こんなことで体育を嫌いになられては困る。私はこの状況を、2〜3分前に授業を終了することでクリアしている。着替えの時間に時差を作り、次の授業の生徒が来るまでに、生徒を更衣室から移動させるようにしている。

2　運動すること

教室を出て「運動すること」、身体活動を伴う教科であることも体育の大きな特徴だ。

全国高等学校体育連盟の加盟登録者人数を見ると、全国の運動部員はほぼ１２０万人で、この5年間に大きな変動はない。ここで問題になるのは運動部員以外の生徒である。

体育の授業以外に運動しない生徒が増えている。高校生は暇さえあればスマホ（スマートフォン）を触っている。保護者会で出る生徒への不満が10年前は「家ではテレビばかり見て勉強しない」であったが、最近では「家ではスマホばかり見て勉強しない」である。運動不足の生徒に運動させることが、体育の重要な課題になっている。

2 よい体育授業とは

「よい体育授業」とは論じるだけではなく、授業ごとに「よい体育授業」であったかどうかを振り返るものではないだろうか。私は以下のように、振り返りのチェック項目を定めている。

1 「時間」
2 「つかみ」
3 「高田四原則」
・動く楽しさ
・集う楽しさ
・わかる楽しさ
・伸びる楽しさ

1 「時間」

古屋三郎著『体育 よい授業悪い授業』(国土社)の次の文章は印象深い。

・始業の合図とともに授業をはじめ、終了の合図とともに終わるよう努力している教師とそうでない教師と、どちらが多いのであろうか。

・終了の合図が鳴ってからも授業をしている場面をよく見かける。筆者も若い頃は熱心に指導していれば、時間の超過も止むを得ないことと自分勝手な解釈をしていたことがある。あるとき、他の教師から「君はそれでいいと思っているかもしれないが、子どもたちは休み時間に便所にもいかなければならないし、水も飲みたかろう。次の時間の準備もしなければならないのだから、授業を休み時間までのばすのは罪悪なんだよ。」と注意されたことがある。

・時間や時刻通りに授業を進めることが如何にむずかしいかは、いつまでたっても難題であるような気がしてならないのである。

時間配分は、一般に考えられている以上に重要なテーマである。ベルと同時に授業を始め、片づけの時間や前述した更衣室の問題を考えて、2～3分前に終了するよう心がけているが、なかなか難しい。

一番よくないのは、教師が遅れてきて授業を始め、終了ベル後も延長する授業である。生徒は「早く来て早く終わってほしい」と思っている。遅れると更衣室が混み合い、次の授業に間に合わなくなる恐れがある。10分の休み時間に「更衣・教室移動」をする生徒の忙しさを教師はイメージしにくいが、ぜひ心に留めておきたい。

2 「つかみ」

体育科教育の用語ではないが、私は次のようにとらえている。

名優は登場した瞬間に観客の心を引き付けてしまうが、体育教師にもこの「つかみ」が必要ではないだろうか。教師が登場し、冒頭に「この時間に何をするか」を明るい顔、大きな声で説明する。それだけで、生徒の「体育をやろう！」という気持ちが盛り上がる。

高田典衛は『体育科の授業入門』（明治図書）で次のように述べている。

・よい授業をしようと思うなら、教師は服装に注意しなければならない。引き締まった明るい顔で登場しなければならない。透る声で子供たちに呼びかけなければならない。楽しそうに笑顔を見せなければならない。当然といえば当然だが、授業の準備として、このような外見上の配慮が必要だということを忘れないようにしよう。

この「つかみ」は毎時間の冒頭はもとより、単元の初回にも不可欠なものだ。したがって、単元全体の「つかみ」ともいえる1時間目は、特に念入りに準備する必要がある。生徒は初回の授業で「面白そうだ」「つまらない」と自分の基準で判断しがちだ。全体の流れを理解させ、この単元に「きちんと取り組もう」と思わせて次回につなげる。「つかみはOKか?」と常に確かめる。

3 「高田四原則」

高田典衛の「体育授業における楽しさの四原則」である。『よい体育授業と教師』(大修館書店)から高田の文章を引用する。

◎授業における四つの楽しさ

1、動く楽しさ

全教科の中で体育授業だけが与えてやれる特別な楽しさ。「せいいっぱい運動させる授業」を「動く楽しさのある授業」と呼んで総括している。

2、集う楽しさ

授業における人間関係の楽しさ。体育授業が楽しくなるためには集団の人間関係がうまくいくことが必要となる。

3、わかる楽しさ

生徒が授業を受けて「あ、そうか」とこれまで気付かなかった点に気付く「何かを新しく発見させてくれる授業」の楽しさである。

4、伸びる楽しさ

運動ができた楽しさ、技や力が上達した楽しさ、勝った楽しさ、その他体育学習における様々な進歩の楽しさである。

この４つを「高田四原則」とよぶ。高田はこの４つをよい体育授業の、一般的で基本的な姿と考えた。高田がこの四原則を提示したのは40年以上前であるが、今日でも通用する理論で、すっきりとしてわかりやすい。この理論をもとに高田はよい授業を次のように考えた。

1、快適な運動——精一杯運動させてくれる授業
2、明るい交友——友人と仲よくさせてくれる授業
3、知的な探究——新しい発見をさせてくれる授業
4、技能の伸長——ワザや力を伸ばしてくれる授業

生徒の立場に立って「高田四原則」の動く・集う・わかる・伸びる楽しさがあったかどうか。教師として、ねらいが明確で時間配分がうまくできた授業であったかどうか。「よい体育授業」を実践しようと思うなら、授業ごとに自己点検を重ねることだ。

［引用・参考文献］

○古屋三郎（１９８８）「人間教育を忘れた体育の授業」『体育 よい授業わるい授業』国土社、７～９頁
○高田典衛（１９７８）「体育科の授業の進め方」『体育科の授業入門』明治図書、93～94頁
○高田典衛（１９８５）「体育授業における楽しさの四原則」『よい体育授業と教師』大修館書店、８～10頁
○高田典衛（１９７７）「体育授業を見る眼」『体育授業の方法』杏林新書、１～10頁
○伊藤博子（２０１１）「よい体育授業をめざして」『保健体育教室』２０１１年第３号、大修館書店、２頁
○全国高等学校体育連盟ホームページ http://www.zen-koutairen.com/

保健体育教師に
なろう!
不安に応える
現役教師からの
アドバイス

第5章 体育授業の前にすべきこと

授業の内容については多くの文献でさまざまな事例が紹介されているが、授業に向けた具体的な準備（授業以前のこと）を述べた本はほとんどない。ここでは、私なりの授業準備のポイントを紹介しておく。体育授業ではしっかりと準備することが、よい授業をする上できわめて重要になる。

1 教場の確認

前もって教場を見に行く。体育教師にとってこれが準備作業の第一歩になる。屋外種目では天候、グラウンドコンディション、球技用ゴールの有無などの確認が必要になる。屋内種目でも施設の点検は必要だ。閉め忘れた窓からの雨で床面が濡れていないか、落ち葉やごみ、ハトの糞、虫の死骸が落ちていないか、といった観点から使用する教場を点検する。体育館のフロアが濡れていると、生徒が滑って大変危険である。

2 ラインの引き方

グラウンドのライン引きも大事な仕事である。保健体育教師を養成する大学のほとんどは競技ごとに専用のグラウンドやコートが整っているだろう。全天候型走路や人工芝グラウンドでなくても、少なくともレーンやラインが引かれた状態の運動施設を持っているものだ。

しかし一般の中学・高校では、何もない広場のようなグラウンドに、その種目に必要なラインを引くことから授業準備が始まる。教室ですぐにスタートできる一般教科との違いは限りなく大きい。1時間目の授業であれば朝早く出勤し、ひとりでラインカーにパウダーを入れラインを引く。授業前にラインを引いておくのは当然のことだ。

メジャーと金づちと長くぎ（10～15㎝の太いもの）は、私にとってライン引きの「三種の神器」で

直角（直角三角形）の作り方

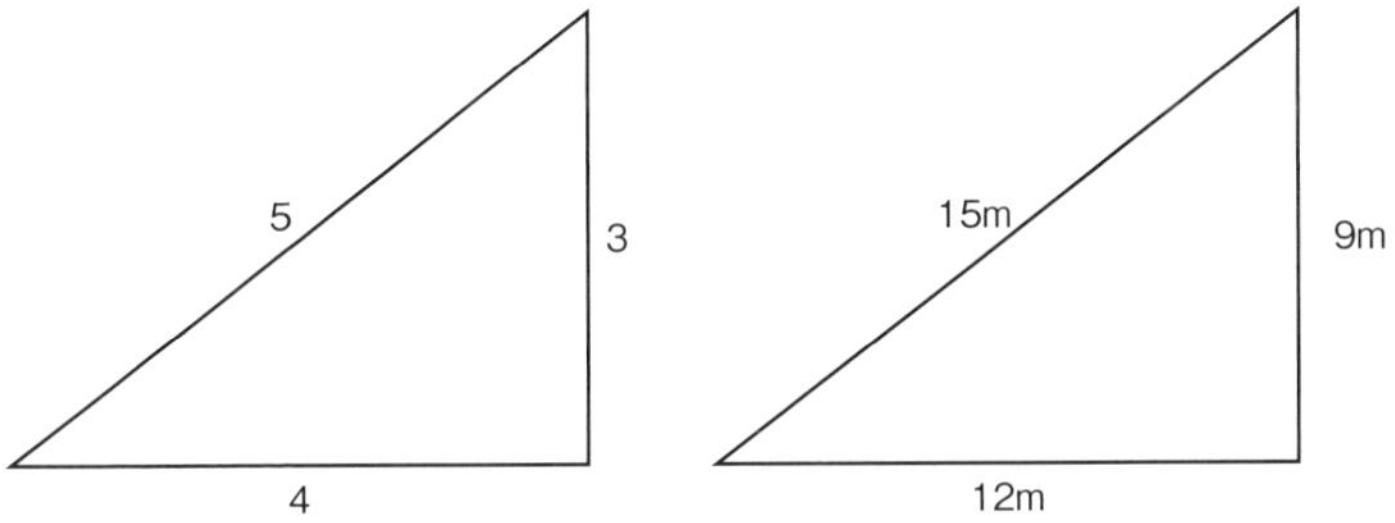

ある。新任教師のころ、陸上競技用のスターティングブロックを打つくぎとメジャーを見て思い付いた知恵である。メジャーの端には輪状になった持ち手が付いている。この輪の中に長くぎを入れ、地面に打ち付ける。50ｍメジャーを伸ばした状態で地面に置き、スタートとゴールのラインを引くだけで50ｍの走路が出来上がる。メジャーがコースレーンになり、スポーツテストの50ｍ走などはこれで十分である。メジャーの両サイドにハードルを置くと、ハードル間の距離が異なる2コースを簡単に作ることができる。

　また、3本の長くぎがあれば、グラウンドに球技コートの直角の二辺を引くことができる。数学の「三平方の定理」を使って、4：3：5の寸法になる三角形を作ればいいのだ。50ｍメジャーの場合、メジャーの端の輪に長くぎを打ち付け、横にメジャーを伸ばして12ｍ地点で2本目の長くぎを打ち、三角形の直角部分とする。さらに9ｍ伸ばして3本目のくぎを打って、スタート地点から斜めに15ｍの地点と一致させる（図参照）。

このような三角形を描けば、コートの直角部分を作ることができる。直角の二辺を必要な長さに延長すれば、その球技のコートが半分出来上がる。反対側から直角を作り、これを結べば長方形のコートができる。メジャーに沿ってラインを引けばよい。

おおよそのエリアだけ分かっていればよい場合はコーンで代用してもよい。四隅にコーンを立ててコートを作るなど、ラインとの併用を工夫する。

グラウンドに円を描くには長くぎに加え、やり（陸上競技用やり・竹やり。傘でも代用できる）が2本あると便利だ。メジャーの端の輪にやりを入れ、必要な半径の長さにメジャーを伸ばし、残りの部分をやりに巻き付ける。コンパスのようにやりを円状に動かすとやりの先で地面に円が描かれる。ラインカーでラインを引けばサークルが出来上がる。

２００ｍトラックの描き方の実際例を示しておく。使用するのは体育祭などの限られた場合だけかもしれないが、右記の「三平方の定理」と「円の描き方」を応用すればよい。公共のグラウンドを借りて体育祭を行うときなどに参考にしてほしい。

200mトラックの描き方

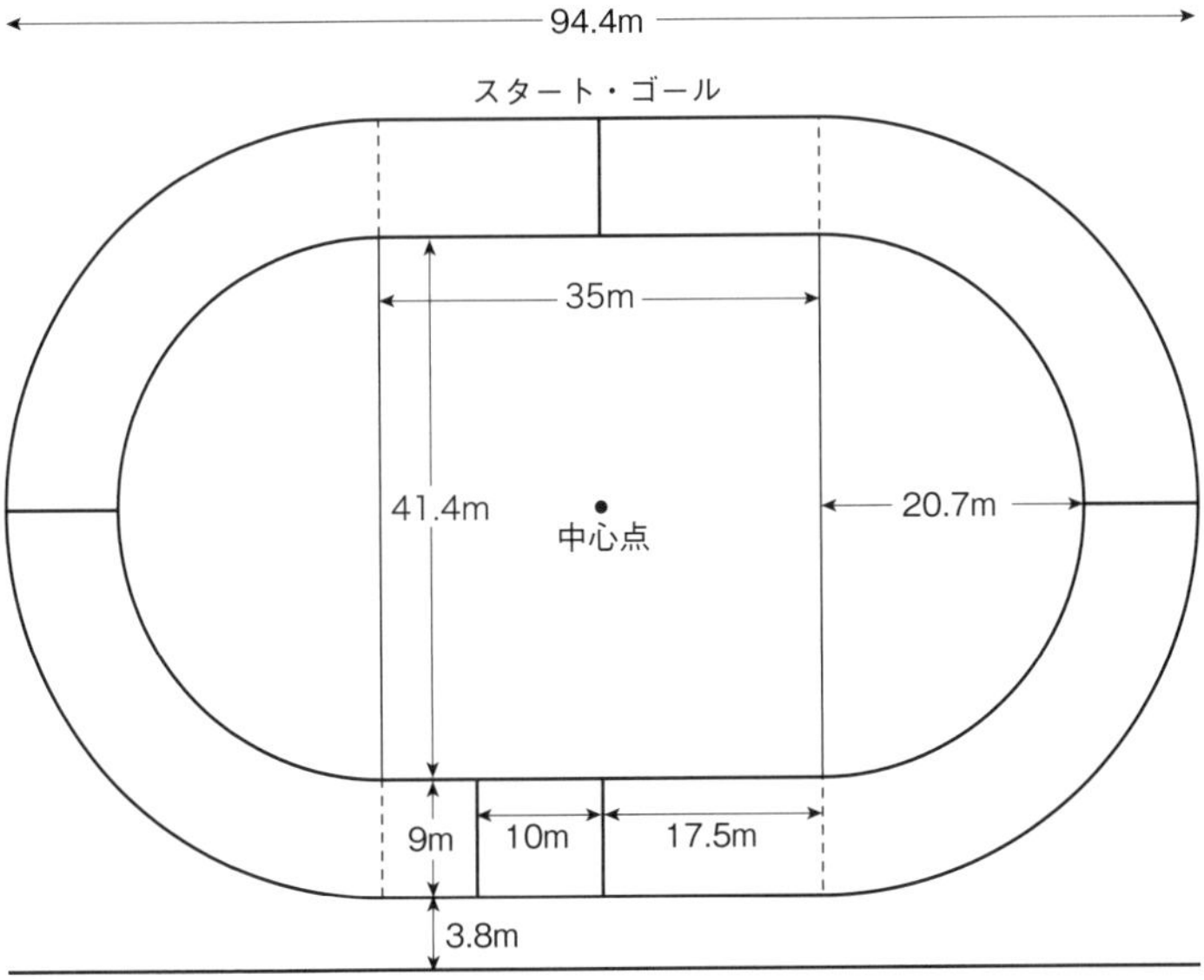

★レーン……1m×9

★1周…………200m（直線35m×2＋半径20.7m×2×3.14≒200m）

◆ラインの引き方

①35m×41.4mの長方形を描く。

②20.7mを半径とする半円を左右に描く。

③29.7mを半径とする半円を左右に描く（アウトコース）。

④アウトコースの直線35m、スタート・ゴール、リレーゾーン等、必要なラインを引く。

3　用具の確認

用具には、生徒が使うものと教師が使うものがある。生徒が使う用具に関しては、ボールやラケットなどの個数の確認が必要になる。クラスの人数を確認し、必要数があるか前もって確かめることが大切だ。ラケットが1本足らないと、ラケットを与えられなかった生徒が1人生まれる。往々にして当の本人は「自分だけがもらえなかった」という気持ちにさせられるものだ。

用具を出すのは誰なのか（生徒の係・当番か、各自が取りに来るのか、教師が出すのか）ということも決めておかなければならない。授業終了後、個数の点検も大切だ。物があふれている時代の生徒は、1個のボールを見つかるまで探すという経験が少ない。返却時の指導はその意味でも重要だ。

教師自らが使うものも、忘れないようにカゴやケースなどに入れておく。出席簿、筆記用具、笛などの授業にも共通だが、他の用具については、学習指導案でリストアップしたものを確認する。ストップウォッチ、記録板、記録用紙、得点板、ビブス（ゼッケン）、ボールかごの鍵、音源（MD・CDデッキ）、MD・CDなどである。授業によっては説明用に、技術ポイントや図面を書いた大きな紙（模造紙・カレンダーの裏などに書いたもの）を用意する。

4

集合場所の確認――目の前の生徒と太陽

「目の前の生徒と太陽」では、言葉の意味が分かりにくいことを承知の上で見出しを付けた。集合場所として適切な場所は、教員側から見ると「生徒の頭上後方に太陽がある」ところで、「生徒を見て話す」というイメージになる。これをまとめて「目の前の生徒と太陽」の一言で覚えるようにしているからである。

授業前に確認すべき最後の事項は、生徒を集合させる場所の設定である。この場合の集合とは、あいさつや出欠確認、授業内容の説明を行うことが含まれる。

屋外の場合、生徒にとって少しでも快適な場所に集合させることが重要になる。暑いときは日陰を探し、寒いときは風の当たらない場所、小雨のときは屋根のある場所といった具合に、教師は常に心を配る必要がある。

特に重要な点は、太陽の位置を考えることである。生徒が教師の顔を見て説明を聞く時、太陽の光を「まぶしい」と感じる位置はよくない。つまり、生徒の顔を太陽に向けて座らせるべきではないということだ。教師が太陽に向かって立ち、いつも太陽の位置を意識しておく。これは、生徒の集中力を維持する上で大事なことだと思っている。時間によって太陽の位置は違う。そこで表題の「目の前の生徒と太陽」に戻るわけだが、私は「生徒と太陽に向かって話す」ように心掛けている。午前と午後で集合場所が違うこともある。

５　集合の隊形

「集合」「出席確認」と、学習指導案上では二語で終わる項目であるが、集合のさせ方（生徒の並ばせ方）に心を配ることが初回の授業では特に大切である。その後の授業の流れがスムーズになるからである。ここでは40人の生徒数を例として述べる。

４列横隊に並ばせるのが望ましい。４列横隊がよい理由は、出席確認時、全員が教師の視野に入ることである。準備運動はこの隊形のまま拡がるが、４列だと最後列からも教師の動きが見える。また、ペアやチームを決めやすい。チームは横１列をチームにする方法（10人×４グループ）と、２列ずつ縦の塊（８人×５グループ）を作る方法などがある。

＊

作成した学習指導案に目を通し、本時の目標や本時の流れ、説明内容等を確認する。中学・高校で

整列のさせ方

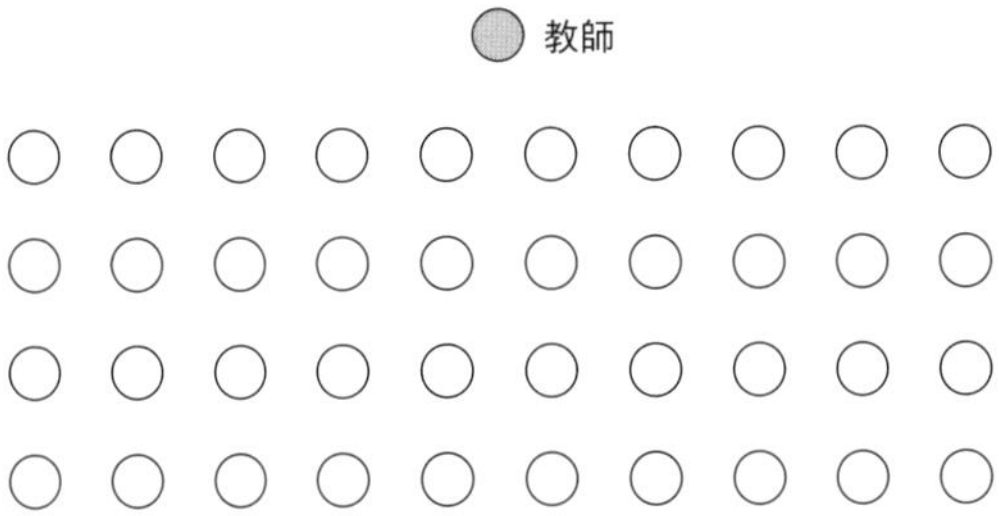

■1 クラスの場合

「1、11、21、31 を一番左にして名簿順に横に並びます」

■2 クラスの場合

「A 組の 1、11、B 組の 1、11 を左にして名簿順に横に並んでください」

ペアの決め方

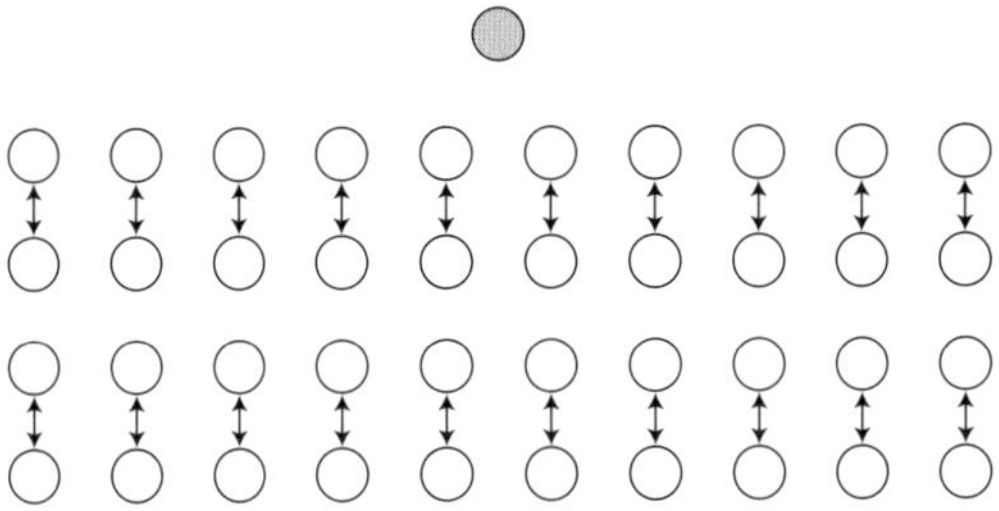

■その 1（上図）

「1 列目と 2 列目、3 列目と 4 列目の人が向き合ってください。今日のあなたのペアです」

■その 2

「隣の人とペアになります。1・2、1・2、と横に数字を送ってください」「1・2 がペアです」

は、同じ授業をクラス講座数分、何回も行う。どのクラスにも均等な授業内容を提供するために、学習指導案を確認することが必要だ。

さて、いよいよ授業である。

「目の前の生徒をしっかり見よう」と心の中で確認してから教員室を出る。教師とて人間である以上、精神的につらいときも体調不良のときもある。生徒の思わぬ言動に傷つけられることもある。多忙を極めると昼食10分、休憩時間なしという日が続く。それでも、生徒にとってその授業は1回きりの貴重な1時間である。

「目の前の生徒だけを見よう」

「この授業でなすべきことをしよう」

心を新たにしてから教場に向かう。

保健体育教師に
なろう!
不安に応える
現役教師からの
アドバイス

第6章 学習指導案の書き方

この章では教育実習での学習指導案の書き方について述べる。

「僕はスポーツ教育学専攻ではないので学習指導案の書き方を知りません」

数年前に本校に来た教育実習生が言い放った言葉である。これには絶句した。

仕方なく高校教師が学習指導案枠の線の引き方から教えたが、学習指導案は大学で学ぶべきものであろう。だが、体育の学習指導案の書き方を分かりやすく書いた本が少ないのも事実である。

1 学習指導案の作成

学習指導案作成には、図表などを挿入しやすいことなどからパソコンソフト「ワード」の使用を勧める。まず、図1のようにパソコンで外枠を作る。ページレイアウトを「余白：狭い」に設定し、9～10ポイントの文字にすると多くの内容が入る。罫線は図1のように最小限の形を作っておくと、文章を入れることで行数が増え、必要な大きさになる。図はワードの「挿入：図形」で作成することができるが、手書きにしたい場合は空白部分を作っておき、印刷後に図・イラスト等を書き入れる。完成版はＡ４の用紙で、2～3枚にまとめるとよい。

図2に「はじめ」「なか」「まとめ」に書く内容をまとめた。

図3に「文法上の注意点」を述べた。「学習内容・活動」（以下、「左」と略す）の主語は「生徒は」である。「教師の指導・支援及び評価」（以下、「右」と略す）の主語は「教師は」である。本文中に主語は書かず、述語部分を書く。この「左」「右」の書き方の違いを理解することだ。「左」は「～する」で、「右」は「～させる」である。この部分の表記ミスは学生に大変多い。「左」と「右」の活動の項目は、ずれないように横に揃える。

図1　学習指導案枠の一例

学習指導案（○／◎）（○時間目／◎時間中）
・単元：単元名を記入
・授業者（作成者）：○○○○　　　　　　　指導教諭：○○○○
・日時：○月○日○時間目
・場所：授業実施場所を記入
・対象：○年○組　性別　○名
・本時の目標：単元計画に基づき本時の目標を記入
・生徒の実態：生徒の特徴
・準備するもの：本時で使用する用具・数　教師が使う用具
・展開

	学習内容・活動	教師の指導・支援及び評価
はじめ		
なか		
まとめ		

図2　内容

	学習内容・活動 （生徒の活動）	教師の指導・支援及び評価 （指導上の留意点）
はじめ （導入）	集合・挨拶・出席確認 本時のねらいの理解　　準備運動	集合させる　出席確認 本時のねらいの説明　準備運動
なか （展開）	本時のねらいを学ぶ過程（学習過程） 学習内容の項目の列記	授業の本体（指導過程） 指導内容の説明 生徒の練習場所の指示 用具の把握 評価基準・評価方法
まとめ （整理）	整理体操・集合・本時の反省 後片付け	整理体操 本時のまとめ　後片付けの指示

図３　文法上の注意点

学習内容・活動	教師の指導・支援及び評価
主語は「生徒は」である 整列する・練習する。 ～を知る。 教師の見本を見る。	**主語は「教師は」である** 整列させる・練習させる。 ～を理解させる。 見本を見せる。
（例１） ・体育館に集合し舞台側を向き、４列横隊で名簿順に整列する。 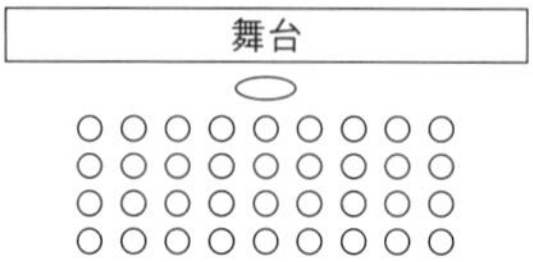 ・挨拶・出席確認	（例１） ・体育館舞台側コートに集合させる。名簿番号１、10、19、28番の生徒に左端に並ぶよう指示し、名簿順に９人×４列で整列させる。 ・挨拶後、着座させ、出席確認をする。
（例２） ・ペアを作り、広がる。 →２人に１個のボールを持つ。 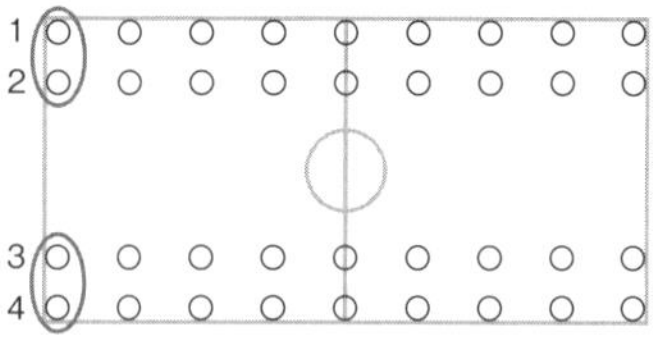	（例２） ・前後左右に広がらせ、1・2列目、3・4列目のペアを作らせる。 この時、２列目と３列目の間隔を広くとらせる。 →２人に１個ボールを持たせる。 ２人の間隔は3.5mとする。

◆学生の学習指導案に「朱」を入れて直した例

（誤り）	（正）
直し（方言）	→ 片づけ
チームになってもらう	→ チームにならせる・チームを作らせる
うまい子に手伝って貰う	→ 上手な生徒に手伝わせる
適当に広がらせ	→ ○m間隔に広がらせ
グリップの握り方を教える	→ 具体的に説明する言葉を書くこと。自分だけわかっていることを省略しない。初めての生徒もわかるように説明する。

指導内容を「説明する」「アドバイスする」の1行だけで済ませてはいけない。どのように説明するのか、説明内容を簡潔に記入してほしい。

体育は学習指導案を見ながら授業をすることはできない教科であり、説明内容を確認・暗記するためにも、文章化することが必要だ。参考までに次頁に学習指導案の見本を示す。教育実習に行く前に何枚も学習指導案を書いて練習してほしい。「学習指導案枠」及び作成学習指導案のデータをＵＳＢに保存して用意しておくことだ。

2 教育実習が始まってからの問題点

学習指導案をパソコンで作成する学生にとって、パソコンとプリンターの問題は大きい。

実習校のパソコン・プリンターを実習生が使用できないこともある。私物のノートパソコンの持ち込みが可能か否かも、学校によって異なる。実習生控え室の有無、電源の使用、貴重品の持ち込みの是非がその理由である。これらの点については実習校に事前訪問して、しっかり確認しておいてほしい。

ンができるようになる。

・生徒の実態：運動部、文化部共に混在しており、ほとんどがバドミントン未経験者である。

・準備するもの：ラケット40本、シャトル80個、ポール12本、ネット6つ、笛、ストップウォッチ、出席簿、筆記具

	教師の支援・活動、評価点（★）
	・始業のチャイムが鳴る前にラケット、シャトルを出しておいて体育館で生徒を待ち、6人×6列で名前の順に並ばせる。並び終えたら、生徒から見て右端の1列の名簿番号を確認する。「1、7、13、19、25、31」 ・点呼 →名前を呼びながら、顔色をチェックする。 ・元気・風邪気味・けが・気分が悪い、の中から答えさせる。 →基本的にバドミントンは2人ペアで行うのでこの時人数も把握しておく。 ・バドミントンの基本的な知識を知り、ラリーの始まりとなるサーブを取得し、ラリーができるようになるよう伝える。 ・今並んでいる横の列で1チーム作り、1コートに6人とする。6列あるので、前から順番に1班2班……6班とする。 ・準備運動をさせる。 ・体育館を1周走らせる。
	・先頭の生徒に6本ラケットを取りに来させ、後ろにまわさせる。 ・ラケットの丸いガットが張ってある部分をヘッドと呼び、握る部分をグリップと呼ぶことを伝える。 ・グリップの基本的な握り方は人差し指と親指で、グリップの広い部分の上部をしっかり握り、ほかの指はそえるだけと伝える。この時、力を入れて握ってしまうとバック側にきたシャトルに対応できないので、力を入れるのは打つ瞬間だけだということを学ばせる。 ★ラケットをギュッと固く握ってしまう生徒がいないか見て回る。

学習指導案（本時1/10）

・日時：20○○年○月○日

・場所：体育館壁側のコート（舞台と逆側のコート）

・対象：高校1年生女子36名

・単元：バドミントン

・本時のねらい：バドミントンについて知り、ラリーの基本である、サーブとリター

時間	生徒の活動
はじめ (15分)	・体育館の舞台の逆側のコートに集合し、壁を正面に6人×6列で、名簿の順に並ぶ。 ・始業の挨拶 ・出席確認、体調確認 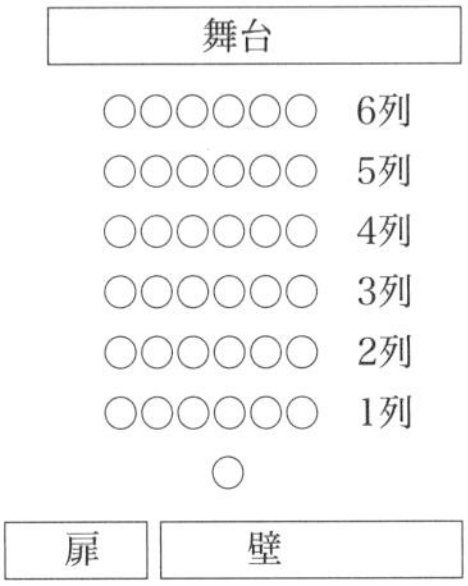 ・本時の説明 ・6チームに分かれる。 ・準備運動 →屈伸、伸脚、アキレス腱、前後屈、肩・腰・首・手首・足首を回す運動をする。 →左手側の生徒を先頭にして、1、2列目の生徒の後ろに3、4列目が並び、2列で体育館周りを1周走る。
なか (25分)	・整列時の隊形に並び、先頭の生徒がその列の人数分のラケットをまわすので、1人1本持つ。 ・ラケットについての簡単な説明を聞く。 ・グリップの持ち方を実際にラケットを持って覚える。 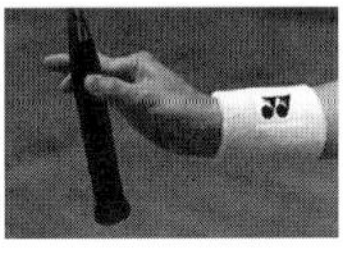 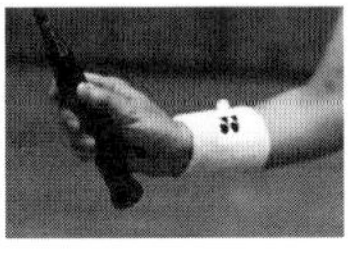

・自分の体の利き手側に来たシャトルを打ち返す打ち方をフォアハンドストローク、利き手側と反対側に来たシャトルを打ち返す打ち方をバックハンドストロークという。バックハンドストロークの際は持ち方が変わって、斜めに傾いていた親指を立てて、親指に力を入れる形に握りかえることを伝える。
・サーブは必ず腰よりも下から打たなければ、相手の点数になってしまうことを伝え、1度ロングサーブの見本を見せ、壁に向かって打たせる。
この時しっかり自分が狙ったところに真っ直ぐ打てるように意識させる。
・笛で生徒に注目させて、1度5コートの周りに集合させる。
5班のメンバーを5コートに入らせ、デモを行わせる。

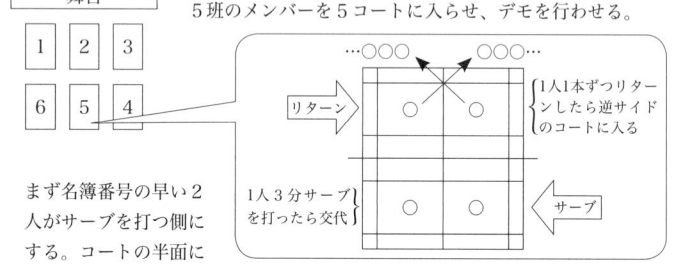

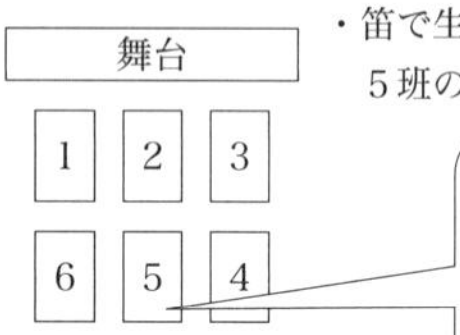

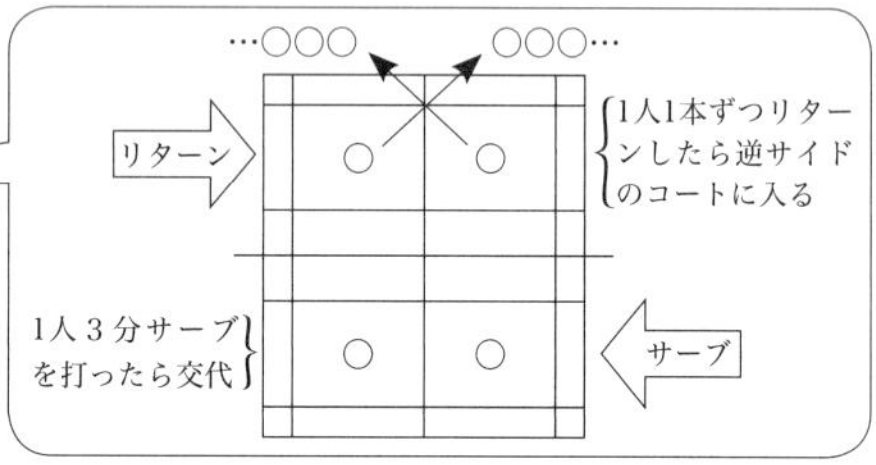

まず名簿番号の早い2人がサーブを打つ側にする。コートの半面に各1人ずつ入らせる。スタートしてから3分経過したらリターン側にいる人と交代させる（交代は名簿の早い順で“12番、34番、56番”というペアでサーブを打たせて、3分ずつで回していく）。残った4人の生徒は、コートの反対側に2つに別れさせ、1人1本ずつとんできたサーブをリターンさせる。リターンし終えたら、コート内のもう1人の方のサーブを受ける側に並び、順番がきたらまたもう1本サーブリターンさせる。
→確実に面にシャトルを当てるよう、呼びかける。

・教師は生徒の前に出て、生徒に整理運動をさせる。
・各コートでラケットとシャトルを片付ける生徒を2人、モップがけを行う生徒を1人決めさせ、その他の生徒でポールとネットを片付けさせる。
→ポールを倉庫に片付けるとき、ポールを他の生徒にぶつけてしまったり、足にポールを落としてしまうと危険なので、しっかり見張って注意する。
・片付け終えたものから、壁を正面に6人×6列で、名前の順に整列させる。
・サーブを打つとき、リターンするときのポイントを振り返らせる。
・健康チェックをしチャイムが鳴るまでに必ず終わる。

<table>
<tr>
<td>なか
(25分)</td>
<td>・フォアハンドストローク&バックハンドストローク

1班&2班は舞台を正面に見て左側へ

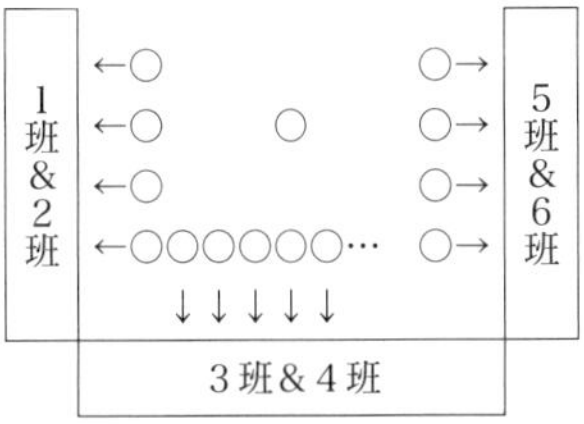

・サーブ
→ロングサーブ

・サーブ&リターンの説明を聞き、デモを見る。
→最初に分けたチームで指定された6コートに分かれ、サーブを打つ人２人が片方のコートに入り、他の４人の生徒が逆コートでリターンする。３分経ったら笛が鳴るのでその合図でリターンとサーブを交代する（交代の仕方は名簿の早い順で“12番、34番、56番”がペアになり３分ずつで交代する）。

→１本リターンを打ち終えた生徒は、矢印の方向に移動し、また隣の半面コートでリターンする。</td>
</tr>
<tr>
<td>まとめ
(10分)</td>
<td>・整理運動
→屈伸、伸脚、アキレス腱、前後屈、肩・腰・首・手首・足首を回す運動をする。
・ラケットとシャトルを各コートの代表者2人がかごの中に片付け、1人はコートのモップがけを行い、その他の生徒でポールとネットを倉庫に片付ける。
＊片付け方……ネット：ポールからネットを取り、2人ペアになって両端を持ち、8つ折りにしたものを丸めて倉庫へ持っていく。
ポール：ポールの下にはタイヤがついているので、ポールを傾け、倉庫まで押して転がしていく。
・片付け終えた生徒から、壁を正面に6人×6列で、名前の順に整列する。
・授業の評価
・終わりの挨拶</td>
</tr>
</table>

3 提出の期日を守る

指導教諭の指定した学習指導案の締め切り日に遅れてはならない。たいてい1回では済まされず、書き直し部分を指摘される。再提出の締め切りは何日何時なのか確認し、完成版を提出しなければならない。指導教諭は当然、完成版学習指導案を見ながら実習生の授業を観察する。担当する単元・保健が何種類あろうが、全て「提出の期日を守ること」が鉄則だ。なお屋外の単元に関しては、雨天時の副案も合わせて提出しなければならない。

［引用・参考文献］

○教育実習を考える会編（2005）『教育実習生のための学習指導案作成教本「国語科」』蒼丘書林、17・27頁
○宮崎明世（2010）「教育実習の取り組み方」『新版 体育科教育学入門』大修館書店、275頁
○高田明子（2011）「バドミントン学習指導案」同志社大学スポーツ健康科学部学生

保健体育教師に
なろう!
不安に応える
現役教師からの
アドバイス

第7章 保健授業も大切な仕事

この章では保健について考える。

学習指導要領を見てみると、中学校と高等学校の保健体育科という教科は、中学校では保健分野と体育分野から、高校では科目保健と科目体育から構成されていることがわかる。本章で取り上げる保健とは、この保健分野と科目保健を指す。

1

中学校と高等学校の保健の扱いについて

1　中学校における保健

中学校では授業時間を年間標準授業時数として示している。以前は各学年とも90単位時間を標準としていたが、平成20（２００８）年に改訂された学習指導要領によって１０５単位時間に増加され、3年間では３１５単位時間となった。1年間は35週とカウントするので、週3時間の保健体育が確保され、２０１２年から完全実施されている。ちなみに、1年間35週は、1・2・3学期で分けるとおよそ10・15・10週の配分となる。

そして3年間で各分野に充てる授業時数は、体育分野２６７単位時間程度、保健分野48単位時間程度を配当することとしている。「保健」の指導計画の作成にあたって、中学校学習指導要領には、次の事項に配慮するよう記載されている。

「保健分野の授業時数は、３学年間を通して適切に配当し、各学年において効果的な学習が行われるよう適切な時期にある程度まとまった時間を配当すること」

公立中学校では新指導要領になってから、年間指導計画を提出するよう指導する教育委員会が増えたという。その結果、保健をある時期に集中させた計画を組む都道府県が増えた。例えば、近畿地方のある中学校では、2学期の週3時間の保健体育のうち1時間を保健授業に充てている。評価を出すにはペーパーテストを実施しなければならないので、2学期の期末テストに保健を組み入れている学校が多いようだ。

よく「雨降り保健」という言葉を耳にする。雨が降ってグラウンドが使えないので仕方なく保健授業に振り替える、という意味であるが、新指導要領になってからは「まとまった時間配当」という方針が強調されるようになり、「雨降り保健」は減少する傾向にある。

保健分野は主に、

「心身の機能の発達と心の健康」

「健康と環境」

「傷害の防止」

「健康な生活と疾病の予防」

の4つの内容から構成される。

2　高等学校における保健

科目保健は学習指導要領において、

「原則として入学年次及びその次の年次の2か年にわたり履修させるものとする」

と示されている。標準単位数は体育が7〜8単位で保健は2単位である。標準単位数とは1週間の授業時間数を3学年分合計した数字である。7単位といった場合、1年3時間・2年2時間・3年2時間などである。

科目保健の主な内容は、

「現代社会と健康」

「生涯を通じる健康」

「社会生活と健康」

の3項目である。高等学校学習指導要領に記載されている「保健」の目標には、

「個人及び社会生活における健康・安全について理解を深めるようにし、生涯を通じて自らの健康を適切に管理し、改善していく資質や能力を育てる」

と示されている。

2

保健授業を嫌がる教師がいるのはなぜか

私はここ数年、保健授業は週4時間受け持っている。保健を担当すると、教材研究、授業に生徒を集中させる話術や展開、試験問題の作成、採点、評価が毎学期続く。他教科の教師には当然のことであるが、保健体育教師は体育実技(私の場合12時間)を行った上でさらに保健授業をやるので、2教科を担当しているような気分だ。

前項で中高の保健の内容を挙げたが、私にとってこれらの学習テーマは大学時代に所属していた研究室の分野と異なっていたため、教師になってから教材研究を通して学んだ。保健体育教師の学生時代の専攻は「健康・スポーツ教育」だけとは限らない。「スポーツマネジメント」「スポーツコーチング」など多岐にわたる。

身体を動かして生徒に指導する体育実技は得意だが、教材研究などしっかりした授業の準備をするのが面倒くさいと感じる教師も現実にいる。大学時代の専攻分野の相異によるところも大きいだろうが、鮮度の良い教材を準備するのがわずらわしいというのが本音なのだろう。

新任の保健体育教師の4月をイメージすると、

・全ての授業の教材研究をして授業に臨む
・放課後は部活動の指導
・休日も試合・練習が続く……

このように、学生時代との環境の変化に戸惑う姿が目に浮かぶ。

ただでさえ自身の体調管理が必要な時期だ。そんな時期に保健授業の教材研究を行い、学習指導案を書いて授業に臨むには、それなりの覚悟と努力が必要だ。しかし、まっとうな保健授業を行うためには、面倒くさいと思わずに、新任時代からしっかりと教材研究をすべきだ。

高等学校の保健体育科で、1年間の科目別授業時間数を比較すると、体育：保健＝7〜8：2である。選択科目に体育を設けている学校では前者の比率がもっと高くなる。保健授業は週1時間×2学年×クラス数であり、時間数が限られている。保健体育科全ての教師が保健を担当するわけではない。

やや特殊なケースではあるが、本校の例をあげると、3年生の選択体育を担当する教師と保健を担当する教師とに分かれる。本校の3年選択体育は、球技とゴルフの2講座があるが、どちらも教師の専門性が要求されることから、担当できる教師が限られている。特にゴルフの担当者は保健を担当することなく定年を迎えるケースが多かった。保健体育科内で年長の先輩教師が選択体育を担当すると言えば、他の教師は従わざるを得ない。保健は、他の教師または非常勤講師が担当するものとなっている。このように得意、不得意とは別に、さまざまな理由から「保健」を担当しない保健体育教師が現実にいるということだ。

3 「指導書」は保健体育教師を助けるが……

「指導書」とは教科書会社が発行している保健体育教師用の参考書である。新指導要領になって、本校では大修館書店発行の『最新高等保健体育』の教科書を使っている。この教科書に対応する指導書は3冊に分かれた『最新高等保健体育指導ノート 保健編』である。執筆者は教科書の執筆者のうち数名の大学教授、高等学校教諭、大修館書店編集部である。指導書の内容は、教科書本文の縮小転載、要点・内容の解説、板書例、資料などであり、私はこの指導書に助けられて今まで保健の授業を行うことができた。

要点の解説を熟読すれば語句の意味が理解でき、内容の解説を熟読すれば教えるべきポイントがつかめた。指導書で得た知識をもとに、自らの学習指導案を作ることができた。部活動終了後に保健授業の準備をする場合でも、指導書のおかげで効率よくできた。指導書は、経験の浅い保健体育教師にとっては心強い味方だ。新任保健体育教師は、気兼ねなく活用することを奨める。

しかし、いつまでも指導書に頼ってはいけない。

ある程度経験を積んだところで、指導書に頼らない授業づくりに挑戦して欲しい。日々の保健授業を反省し、目の前の生徒のために少しでもよい授業をしようと望むなら、出来合いの指導書では間に合わなくなる。

この生徒のためにいま何をどのように学ばせるべきかと考え続けて、保健授業の専門家としての自らの〝授業観〟を鍛えてほしい。

4　保健授業の工夫例

1　教科書を持ってこさせる

保健の授業ではさまざまに教材を工夫して生徒の興味をつなぎ止める努力をしているが、それでも主要教科と比較して生徒の集中力が低くなりがちだ。主要教科では考えられないが、保健では時として教科書も持たずに出席し、授業中は居眠りという生徒もいる。その〝対策〟として、私は出席をとる時、生徒に教科書を頭上に挙げさせる。

具体的には、まず初回の授業時に教科書に関するルールを徹底させておく。1回忘れは警告だが、2回以上忘れたら期末テストの得点から減点する（2回→5点引き、3回→8点引き、4回→10点引き）。教科書とノートを持参して授業に臨むのは当たり前のことだが、何も持たずに居眠りする生徒がいないようにするための苦肉の策である。教科書はしっかり使う。生徒に読ませ、大事な用語にアンダーラインを引かせる。

この方法は出席確認に時間がかかるが、生徒の名前をよく覚えられる利点もある。2回忘れて5点引きになった生徒は、２０１３年1学期は0名、２０１２年3学期は1名だった。これによって相当程度、保健の授業に集中させることができたと思っている。

2　授業プリントの配布

資料やさまざまな文献を切り貼りした授業プリントを、生徒に配布することがたびたびある。板書内容が多い時や、教科書の補足事項、さらに内容を深めたい時にプリントを作成する。授業のポイントを書き込ませるため、プリントには記入用のスペースを設けている。

3　新聞記事の活用

新聞や雑誌など最新の情報を有効に活用することも重要だ。新聞記事の切り抜きをプリントに使ったり、記事の拡大コピーを黒板に貼ったりして説明資料にするなど、新聞記事はとても重宝している。

保健授業は、医科学分野の最新記事をチェックすることが不可欠だ。２０１３年5月に「卵子バンク」による不妊治療が始まったが、この記事は「妊娠・出産と健康」の項で体外受精を教える時期と一致したので大いに役立った。授業の導入部分に、最近のスポーツの話題を取り上げた新聞記事を紹介することもある。２０１３年２学期には、直前の９月に決定した２０２０年夏季東京オリンピックについて語る、といった具合だ。

5　保健体育教師は保健と体育の専門家である

保健体育教師として採用されたからには、保健と体育を教える専門家であるべきだ。この当たり前のことに立ち返ろう。教科書『最新高等保健体育』の「まえがき」から、保健体育について引用する。

> 私たちの健康についての考え方やスポーツに親しむ習慣、それを支える考え方も時代とともに変化してきています。保健体育の学習を通じてこれらの考え方をさらに深め、自らの日々の生活に、さらには今後の人生においても自分なりの工夫をして、学んだことを役立ててほしいと思います。ぜひ覚えておいてほしい心構えは、学習を進めていくにあたり、これまでに人類が築きあげてきた科学の成

果にもとづく明確な根拠をもった方法や技術を用いて考えていくということです。科学は日進月歩であり、今後、過去の常識がぬりかえられることはありえますが、現地点でもっとも妥当であると判断される根拠は何であり、自分はその根拠にもとづき自信をもって実践するのだということを意識してほしいと思います。

保健と体育はともに心身をテーマにした分野であり、保健体育教師はこの２つの分野の専門家である。このことをしっかりと心に留め置きたい。

〔引用・参考文献〕

○『最新高等保健体育』大修館書店、２０１３年
○『最新高等学校保健体育指導ノート』大修館書店、２０１３年
○「卵子提供　見切り発車」『京都新聞』２０１３年5月14日
○文部科学省（２００８）『中学校学習指導要領解説　保健体育編』東山書房

保健体育教師になろう！
不安に応える現役教師からのアドバイス

第8章 保健体育教師の校内でのポジション

この章では、保健体育教師が勤務校でどのようなポジションにいるのかを考える。

保健体育教師は中学校や高等学校において生活指導の役割を担うことが多く、「生活指導部主任」になる保健体育教師は多い。校内では、生徒に生活態度を指導する中心的な立場にあり、保健体育科の教師が厳しいと学校の雰囲気が引き締まると言われる。

また、学校行事（体育祭、学園祭、遠足、修学旅行、スキー研修など）では、集団を統率するのが得意で、けがの対応に慣れている保健体育教師は、他教科の教師から頼りにされる。「保健体育の先生が一緒だと心強い」とはよく言われることである。

もちろん部活動では、運動部を担当する保健体育教師は中心的な存在である。

保健体育教師はこのように生活指導、行事、部活動などでは中核的な役割を期待され、学校現場になくてはならない存在である。

では、保健体育教師が担当する「保健体育」という教科はどうであろうか。

高等学校では国語、社会、数学、理科、英語の5教科が「主教科」として見られ、保健体育、芸術、家庭科、情報などの科目は「副教科」として見られている。「主教科」と「副教科」の相違点は、授業時間数の差もあるが、最終的には大学入試の試験科目であるかどうかである。さらに私学では、その高校の入試で試験問題を作成するかどうかが加わる。

新任時代の私は学校内において「主教科」の教師の方が「副教科」の教師よりも高い立場にいるように感じられた。振り返ってみると、教師としての私の出発点はこの低い位置からであった。「保健体育教師はレベルが低いと言われたくない」という一念で、気を張って、校務・委員会活動等の仕事を行ってきた。

しかし、いまでは「保健体育」は「健康に生きるために必要な科目」と自信を持って語ることができるようになり、保健体育教師は低い立場ではないと思うようになった。

だが世間一般の保健体育教師の評価は、必ずしも高いとはいえない。数学や英語などの教師よりも低く見られがちである。なぜなのか、その理由を考えたい。

1 保健体育教師の歴史から来たもの

高田典衛は『よい体育授業と教師』（1985年、大修館書店）の中で、保健体育教師は「技能教員」と「下級教員」という2つの見られ方をしていたと述べており、以下のような歴史的背景があったと指摘している。

戦前わが国の学校制度では体育教師が大学出身ではなかった。当時の大学には体育の専門コースがなかったからである。この辺の様子を元順天堂大学石河利寛氏は、次のように記している。「私は昭和7年から12年まで当時の東京府立一中（現日比谷高校）に在学していた。当時府立一中は一流の名門校で生徒は学校側から強制されることなく勉強に励んだ。今と違って体育や音楽には大学出の教師がいなかったので（体育や音楽が大学に専門コースを持つようになったのは、新制大学になってからである）、これらの教科の教師が他教科の教師と比較して多少軽く見られていたことは否定できない」というこの見方が次第に一般に普及して、体育教師は下級教員であるというイメージが確立されていったのではないだろうか。

しかもそのうえ戦後になって、体育教師が大学卒業者によって占められるようになってからも、この風潮は急速には改められなかった。大学に学ぶ学生の中には、体育専門の学生は実技が中心であると信じ、実技だけができればよいとする誤った考え方に取りつかれていったからではないかと思う。

戦後の保健体育教師について、ある府県の元高体連陸上競技専門部専門部長で、公立高等学校の校長で退職されたN先生から、次のような話を聞いたことがある。

「大学時代や私たちが教員になった当時は、教授や先輩体育教師の方から『体育教師は担任も持たされず、職員会議の席は下座であった』とよく話を聞かされたものでした」

N先生は１９６０年代後半に学生時代を過ごしておられる。１９６０年代前半までは、このように担任も任されることがなかった保健体育教師がいたわけである。N先生はまた、次のような話も聞いたと続ける。

「しかし、体育授業のように身体活動を通して、子どもと身体で触れ合い、授業が展開できる教科は少なく、教授する上で多くの利点がある教科であることも教えていただきました。こうしたことから、一口ではとても言い表せませんが、『ハングリー精神、チャレンジ精神』については、私たちに幾分か備わったような気がします」

保健体育は下級の教科ではない、主教科に負けないぞ、というハングリー精神、チャレンジ精神は、1970年代半ばに教職に就いた私も持っていたように思う。このことは、戦後の保健体育教師に共通した精神だったのではないだろうか。

ところで、戦後の保健体育教師の歴史を考える上で、国民体育大会（以下、国体と略す）は極めて大きな意味を持つ。国体は都道府県対抗という形をとり、地方のスポーツ振興政策や選手の強化に多大な影響を与えてきた。開催都道府県は1987年沖縄国体で一巡し、翌88年の京都国体から2巡目がスタートを切った。

保健体育教師の教員採用試験（特に中高の保健体育科）の合格者の推移をみると、どの都道府県も国体開催前に伸び、国体が終わるとしばらくは採用が絞り込まれる。保健体育教員枠を過度に拡充して競技選手を獲得するという方策がとられてきた。天皇杯（男女総合優勝）の獲得が開催県の至上命令になっていたからである。

保健体育教師は選手強化の指導者として、あるいは自ら選手として国体に大きくかかわってきた。1990年代までは教員の部があり教員選手・教員チームとして活躍できた（現在は男女とも成年・

少年Ａ・少年Ｂ・少年共通である）。保健体育教師は各都道府県において、競技力向上の面で多大な影響を与えてきた。

こうした競技面における保健体育教師のあり方が勤務校でどのように見られているかは、学校によって、また、個人によってさまざまである。

運動部活動に力を入れている学校では、部活動を活性化するリーダーとしてプラスの評価をされる。国体の強化に携わることができる指導力は、当然ながら高いレベルの競技力がベースになっている。

しかし、普通の学校では他教科の教師の目にどのように映っているのだろうか。

国体など大会参加の出張が多い保健体育教師は学校をよく休む、という印象だろうか。休んでいる間に学校では、ホームルーム代行や課題担当、振り替え授業をこなす他の教師を確保しなければならない。また、毎日学校にいることが前提の教務主任等の重要なポストを任せられない、ということにもなる。部活動での指導力は認めるが、他の仕事ができるかどうか、それは冷ややかな評価をされているというのが校内での現状ではないだろうか。

２０００年以降、公立中学校と高等学校の管理職（校長・副校長）に就く保健体育教師が全国的に増えてきた。校長になるには校長試験に合格しなければならず、組織管理能力、実行力がなければ校長の激務は務まらない。保健体育科出身の校長は一部で管理主義的との批判はあるものの、これまでの歩みからすれば、保健体育科出身校長の増加は大きな成果であると思う。

2 体育教員室(体育準備室)の問題

保健体育教師には通常、一般の教員室とは別に体育館内やその近くに部屋が割り当てられており、公立学校では「体育準備室」、私学の場合は「体育教員室」と称されることが多い。以前は「体育教官室」と呼ばれていた。

一般の教員室と隔離されている形になっていることから、保健体育教師は体育教員室と教場、顧問として出向く部活動の場との往復だけで一日を終えることも可能なのだ。また体育教員室は体育会系の年功序列の雰囲気もあって、居心地のいい場所であるように思える。年齢を重ねると、このまま毎日を大過なく過ごしたいと願う傾向が生まれやすいのではないか。こういった条件が重なって、保健体育教師が本館の教員室の情報や話題から遅れる結果を招いているのではないだろうか。

3

新任研修は充分か

一般企業に就職した場合、企業は新人に徹底した「企業研修」を行う。企業は大学に教育を期待していない。企業自らが、新人に厳しく研修を行う。

しかし保健体育教師に関しては、学校現場は即戦力としてある程度は使えるだけの教育を大学に期待している。教育実習を迎える４年生の時点では、学習指導案の書き方くらいは学んで来てほしいと思っている。教育実習に来てから、現場の教師が学習指導案の書き方を教えなくてはならないようでは困るのだ。

保健体育教師として採用された場合、新任研修は公立と私学で異なる。公立学校では新任教師は４月に研修センターで指導を受ける。1年間、新任研修指導教員（先輩の保健体育教師）がつき、週1回授業を見学してもらいアドバイスを受ける。都道府県の指導主事に学習計画や学習指導案を提出し、指導主事が学校を訪問する。

私学では４月に新任教師に学校の説明はするが、特別に研修を行う学校は少ないように思う。４月は一般教員にとって最も多忙な時期であり、担任や校務も変わる。新任教師は自分から先輩教師に聞きに行かない限り、誰も教えてくれない。私学の場合、新任研修は不充分と言わざるをえない。そして公立学校でも非常勤講師や常勤講師に同様のことが起きる。教育実習のみの経験で現場に立つ保健体育教師が相当数、存在するわけだ。

4 体育は「息ぬき教科」であるという考え

残念なことであるが、一部の学校で体育は「息ぬき教科」であるという考えがある。「進学校」と呼ばれる学校で、大学入試科目ではない体育を「息ぬき」の時間とみなしている生徒がいる。反対に「スポーツ強豪校」と呼ばれる学校では、メインは放課後の部活動であることから、体育を「息ぬきの時間」にしている生徒がいる。

こういう学校に赴任したある保健体育教師が、体育授業に熱心に取り組んだところ、校内に「体育は適当にやっていればいい」という雰囲気があって驚いたという。

これらのことが、長らく保健体育教師が校内で低い地位に置かれてきた要因ではないか。これから保健体育教師をめざす学生諸君には、このような歴史的背景を乗り越えて新たな保健体育教師像を作り上げてほしい。

２００８年に改訂された中学校学習指導要領の、保健体育の「教科の目標」を引用する。これを読めば、体育が息ぬきの教科ではないことが明らかである。

心と体を一体としてとらえ、運動や健康・安全についての理解と運動の合理的な実践を通して、生涯にわたって運動に親しむ資質や能力を育てるとともに健康の保持増進のための実践力の育成と体力の向上を図り、明るく豊かな生活を営む態度を育てる。

〔引用・参考文献〕

○石坂友司「山口県の国体問題から考える」　http://blog.kanto-gakuen.ac.jp/news/2012/05/post-5210.html
○文部科学省（２００８）『中学校学習指導要領解説　保健体育編』東山書房
○高田典衛（１９８５）『よい体育指導と教師』大修館書店、２０８～２０９頁

保健体育教師に
なろう!
不安に応える
現役教師からの
アドバイス

第9章 現実の保健体育教師像を理解する

1 高校生が抱いている保健体育教師のイメージ

同志社高校3年生160名（男女同数）に保健体育教師から浮かぶイメージについて、2007年にアンケート調査を行った（複数回答）。以下、回答（人数）を順に述べる。

第1位　きびしい・厳しい（32）

第2位　こわい・怖い・恐い（14）

第3位　ジャージ（12）
第4位　熱血・面白い（10）
第5位　元気（9）
第6位　サバサバ（8）
第7位　いかつい（7）
第8位　やさしい・何のスポーツでもできる（6）
第9位　運動神経抜群・礼儀にうるさい・きびしいがやさしい・明るい・マッチョ（4）
第10位　規則にきびしい・明るい・楽しい・男らしい・かっこいい・ゴツイ・ムキムキ（3）
第11位　さわやか・活発・若く見える・フレンドリー・はきはき・すごい・強い・健康・親しみやすい・声が大きい・固い・暑苦しい・どなる・暴力・喫煙者が多い（2）

一般の高校生が「保健体育教師をどのように見ているか」がうかがわれて興味深い。

2 保健体育教師のマイナスイメージとプラスイメージ

私が講師を務める同志社大学で、「保健体育科教育法Ａ１」を受講する学生に、保健体育教師に関するアンケートを毎年実施している。返答は携帯メールで私のパソコンに送信してもらう。全員のメールをワードで編集して、次の講義時にプリントにして配布する。同志社大学には、関西圏のみならず全国から学生が集まる。２０１１～13年度に答えた学生のメールの内容を紹介したい。

1 保健体育教師のマイナスイメージ

> **中学・高校での体育教師について（いろんな先生に習ったと思いますが）、こんなところが嫌だ、この言動はよくない、これはやめてほしい、この授業のやり方はおかしい等、（マイナスイメージで）思ったことを書いてください。**

◎（高校）自分の過去の自慢話が多い。生徒によって接し方が違う。３０００m走の時、途中で何回も吐いた子に見向きもせず完走させた。スパルタ。怒ると怖い。（中学）細かいところにうるさい。整列など。

◎恐い、厳しい、理不尽、口調が汚い、怒鳴る、短気、何を考えているかわからない、運動出来ない子をバカにする、見下す、鼻で笑う、「うちみたいな女子校に高い運動レベルの子なんているはずがない」、「初めっから期待してない」、字が汚い、など。

◎中学のときの体育教師は、私が所属していた陸上部の顧問だったのですが、よく「アホかー!!」や「死ねー!!」、「ぼけー!!」といった言葉を使うことがありました。私たち陸上部は普段から冗談で言っているのはわかっていたので笑って過ごしていましたが、気が弱い生徒にとっては「怖い先生」という印象があっただろうな、と思いました。

◎座っているだけの時がある。授業が始まるのに体育館が開いていないなど授業が遅れることが多い。

◎自分の価値観を絶対化し、押し付けてくる人、根性論で話す人、3回に1回は間違った知識を披露する人がいた。

◎先生の機嫌によって授業の空気が変わり、生徒が気を使う。運動ができる子をすごく好む。考えてやろうとしているのに、ちゃちゃとやれ！と上から目線で命令してくる。タバコ臭い。なんでこれができないのと平気でいう。

◎試合形式の授業しかしなく、苦手な人は苦手なままでほったらかしだった。

◎できるのにやる気がなくて座っておしゃべりしている生徒を放置していること。運動が苦手でできない生徒を放置する先生。着替える時間、更衣室に行く時間を考えずにぎりぎりまで授業をする先生。

◎授業をきちんとする先生と、やっとけっていう先生に分かれると思う。年配の先生にやっとけタイプが多い。生徒も先生も人によると思う。

◎先生が専門の種目でないスポーツをしっかり教えることができない。スポーツには試合があって途中から試合ばかりで生徒を野放しにする。

◎できない人に対してもう少し的確なアドバイスをするべきだ。

◎体育科で一番年長の先生が、授業の最初に説明だけして、あとは体育科に帰って寝ていた（授業内容は全員と試合をして順位をつけるというもの）。元気を出して盛り上げているつもりだったのに、ふざけていると怒られた。熱血すぎるというか、感情的。少し子供だと思った。

◎マット運動とか跳び箱の補助がやりすぎていてセクハラか？って思った。

◎「俺様」な先生（態度がデカく、何でも自分の思った通りに進めようとする、自分が一番と思い込んでいる先生）。自分のクラスやお気に入りの子だけに優しくして、あとは放っておく。全て本からの知識で語る・現場にいない。夏の暑いときは椅子に座って偉そうに見てるだけ。時々意味不明なことでマジ切れする。

◎体育は楽しいイメージが強くあまり思い浮かばないが、唯一あげれば持久走で男子は上半身裸、女子は半袖半ズボンで走った。走ってみると温まったが、今考えれば強制させなくてもって思った。

◎保健の授業をするのにその先生がタバコを吸っていたり酒をたくさん飲んだり太っていたりなので矛盾していて説得力がないと感じた。口が悪い。問答無用で注意してくるため生徒の意見を聞かない。

◎カッとなるとすぐに怒る。生徒の意見を聞かずに自分の考えが正しいといったような怒り方をしてくる。普通にシバいてくる。できない人の気持ちが分かっていないんじゃないかと思わされるようなときがある。ほかの先生と比べてあんまり働いているイメージがない。

◎伝統にうるさい。頑固。声がいちいちでかい。感情的になりやすい。好きな生徒と嫌いな生徒への態度が露骨に出る。態度がでかい。すぐ走る。生徒に授業課題を投げて自分は指導しない場合がある。自身のパフォーマンスに満足して指導しない。

2 保健体育教師のプラスイメージ

こんなところが好きだ、この点はよかった、このことに励まされた、この授業はよい等、（プラスイメージで）思ったことを書いてください。

◎動作が分からなくて質問したら、丁寧に教えてくれる。自主練習している人をちゃんと見ている。一緒になって体育の授業を楽しんでいる。

◎厳しすぎたから、学校の規律が整い、周りからの評価は高かった。僕らの代が卒業したと同時に転勤し、その先生が抜けてから荒れたと聞いている。声かけの仕方が上手い。他科目の先生より親近感がある。

◎私は、体育教師や、スポーツに携わっている先生に対して、自分を飾らず話せる、という印象があります。他のスポーツをしていない先生と違ってたくさんの経験をされているし、オープンで明るいというイメージがあるからです。

◎教え方が分かりやすく、手本を見せてくれるので自分でやるイメージがわきやすかった。体育のことだけでなく、自分の部活についてもアドバイスや相談にのってくれた。

◎映像を見せながら教えてくれたこと。押し付けるのではなく、自分で考える時間を授業中くれたことで、納得して授業に臨めた。失敗しても絶対に怒らず褒めていた。

◎朝あって挨拶をすればちゃんと目を見て挨拶してくれたのはいつも体育の先生だった。クラブのことで悩んだら一番話をきいてくれたし的確なアドバイスをくれた。中学の先生で部活の顧問の先生は僕の人生を変えてくれた。文武両道がモットーで厳しいこともいっぱい言われたが今になってそれが正しかったことがわかったし頑張ることの大切さも教えてくれた。もしその先生に出会ってなかったら同志社にはこなかったしもっと退屈で自堕落な人生を送っていたと思う。

◎何が起こっても、お前ならできる、と励ましてくれた。生徒に教える、というより、生徒に見せる、という姿勢がかっこよかった(生徒に頑張らせる前に自分が頑張ってくれた)。持久走などのときは、タイムでグループ分けして、孤独感のないような授業をしてくれていた。体育以外でも、勉強や進路など何でも相談にのってくれた。街や学校内で落ちているゴミを拾ってちゃんと捨てようとする考えがかっこよかった。人の事を悪く言わないで、いいところを見つけようとする。どの生徒の事も、諦めずにしっかり見てくれていた。何事も、始めから無理と決めつけるな、と教えてくれた。

◎たとえ苦手な競技でも、上達すれば評価してくれる。顧問の先生じゃなくても、部活動の成績の事や悩みを聴いてくれる。親戚の叔父さんみたいなイメージ。楽しそうにやるので、こちらもテンションが上がる。贔屓をしているというよりも、頑張っている、上達している生徒にはさらに期待をかけてくれてもっとやろうという気持ちになる。

◎何事も熱心に学校行事に取り組む。国体出場などある競技において長けている。親密になっていろいろ相談してくれる。一緒に楽しそうにスポーツに参加する。中高一貫だと体育教師は毎年お世話になるので私のことをよく理解してくれる。

◎高校の女性体育教師ですごくまめな先生がいて、毎回の授業後に授業で新たに発見したこと、自分なりにこうすれば上手にできるなど、何項目か記入していくプリントを提出させる先生がいました。そのプリントは次の授業時に返却されるのですが、評価とともに先生のコメント、アドバイスがぎっしり書いたプリントが返ってきます。一人一人ていねいにコメントされていて私のことを見ていてくれていると感じ毎回プリント返却が楽しみでした。

◎私は体育が好きだったので毎日ジャージをきっちり着て、スポーツが何でもできる先生がとてもかっこよく見えてすごく身近に感じたので、何かいわれても「あー、そうだな」と納得して、ちょっとしたお母さんのようなとても尊敬できる先生だった。

◎身体能力がすごい。案外いい人が多い。優しい人もいる。割と親身になってくれる。体育祭の時の線引きがうまい。楽しそうに生きてる。威厳がある。はっきり挨拶を返してくれる。

◎スポーツを一緒にすることで教師と生徒がコミュニケーションを取れる。生徒がリフレッシュできる場を作ることができる。他の教科の先生と比べて生徒との距離が近い。いきいきしていて元気がいい。

＊

読者のみなさんは、この現実の保健体育教師像に対して、どのような感想を持つのだろうか。マイナスイメージを知ることでショックを受け、自分がめざす職業への誇りとやりがいを見失ってしまうかもしれない。あるいは、プラスイメージを読んで、そこに理想の教師像を見出し、自分もそうした教師になろうと意欲に燃えるかもしれない。

どちらにしても、一つだけ言えることがある。

マイナスとプラスのイメージは、何もないところから出ることはない、ということだ。生徒がなぜそのようなイメージを持つのかについて、時間をかけて自分なりの考えを深めてほしい。その理由がわかれば、保健体育教師としての身の処し方も自ずと決まってくる。学生時代からその意識を高めて、よい保健体育教師をめざしてほしい。

保健体育教師に
なろう!
不安に応える
現役教師からの
アドバイス

第10章 保健体育教師とジャージ

この章では、保健体育教師の学校内での服装について考えたい。

1 体育実技の授業とジャージ

高田典衛の講義で印象に残り、今も守っている教えは「専門家らしい服装をせよ。金をかけて生徒以上に立派なものを着ることが大切である」（34頁参照）ということだ。

私は、トレーニングウエア（以下、略して「ジャージ」と記載する）にお金をかける、毎年新しいものを購入する、毎日違ったものを身に着けることを心掛けてきた。また、ダンスと陸上競技では同じジャージを着用しない。ダンスでは専用のウエアを着る。暑い季節のTシャツにもこだわりを持っている。Tシャツは授業ごとに着替える。前の授業の汗のしみ込んだTシャツで、教師は次の授業の生徒の前に立つべきではないと思っている。生徒にとってはその1時間が初めての授業だ。着替えることで、汗をふき、顔を整える。生徒に疲れた表情を見せてはいけない。毎日、授業の時間数分のTシャツを準備している。

2 保健の授業での服装のこだわり

私は、保健体育教師がジャージのまま教室で保健の授業をするのは良くない、というポリシーを持っている。いつもスーツとまでは言わないが、講義にふさわしいそれなりの服装に着替えて教室に行く。他教科の先生は、スポーツ好きであってもジャージで授業をすることはまずないだろう。大学ではスポーツ・体育関連の学部であっても、ジャージで講義をする教授はいない。

私が高校時代に習った女性の保健体育教師は、保健の授業では教師もジャージから私服に着替えるべきだという考えを実践しておられた。体育実技と保健が連続する授業であっても着替えて教室に来

られていた。理由を尋ねると、

「服装のＴ・Ｐ・Ｏだ」

「生徒は実技では体操服に着替え、教室ではもとの服装に着替える。教師も同様だ」

「服装によって意識を変える」

というのが先生の考え方であった。

しかし一般的には、保健体育教師は終日ジャージで過ごすことが多い。保健で着替えるべきだという意見は、少数派である。終日ジャージでいる理由としては、一日の時間割が「体育→保健→体育」とサンドイッチ状に組まれていることがあり、着替えの時間が取りにくいこともあるだろう。ジャージの方が確かに活動的で動きやすい。私の勤務校では自動車での通勤者が多い。車で来る保健体育教師は、家からジャージで通勤するケースが多く、着替えようにも校内に私服を置いてないのが実情のようだ。

しかし、これらの理由は副次的なもので、主な理由は「保健体育教師はジャージが職業着」という考え方があるのだろう。

とはいうものの、やはり私は「講義」はジャージで行うべきではないと思っている。なぜならばジャージは実技のための服装であり、教室で講義をする服装ではないからだ。終日ジャージで過ごすと、スポーティーではあるが、生活態度がラフ・ルーズになりがちである。

保健体育教師が学校で接するのは生徒・教職員だけではない。いつ、誰の訪問を受けるかわからない。異業種の方や保護者と対応する時に、ジャージ姿では軽く見られがちだ。また、重要な会議の場でのジャージもふさわしくない。

3　ジャージ論議

大学の講義で学生に「保健の授業はジャージで行かない」という考えについてどう思いますかと質問し、回答を携帯メールで送信させている。毎年、賛成派と反対派がほぼ同数である。同志社大学スポーツ健康科学部の２０１１、２０１２年度の学生の意見を一部紹介したい。

1　賛成派（私服に着替えるべきだ）

◎先生の言っていることはわかりますし、納得しました。保健の先生が悪い意味で他の科目の先生と違う見方をされているのは、服装など外見の部分が大きいと思うし、先生がジャージなどラフな格好をすることで生徒も国語、数学などと同じ学問を受けている感覚は生まれてこないと思います。保健体育の価値を上げるためにもこれからはＴＰＯに合わせた格好をするべきだと思います。

◎私は大学に入ってから学校に来るときは実技があっても必ず私服を着るようにしています。それは他学部のスポ健に対するイメージがジャージだからです。私はよくスポ健って楽そうと言われたりするなど冗談半分でばかにされるのが大嫌いで、スポ健って思われるのが決して嫌なわけではないですが、服装などは他学部と同じようにしています。もちろん体育会などは仕方ないと思いますし。しかし同じことが中高の校内でも言えると思います。体育教師はやはり違う目で見られますし、だったら授業のときくらい他教科の教師と同じ服装、同じ条件でより良い授業をしてやる‼と思うからです。よって私は賛成です。

◎保健の授業はスーツで行うべきだと思います。他の先生が数学や英語の授業を行うときはスーツのはずです。それなのに保健の授業だけがジャージでもいいのでは、保健という授業が他の授業より下であるという感じがします。保健も同様に大事な授業であるべきです。また生徒がみんな制服を着て授業を受けているのだから、教師も生徒に対し敬意を払って授業すべきです。楽な格好で授業するのは失礼だと思います。

◎私は伊藤先生のおっしゃる体育教師が保健の授業にジャージを着るのは相応しくないという意見に賛成です。なぜなら、まず考えられることが体育教師といえども、生徒から見れば教師であるということです。中学、高校と保健の授業時に体育教師がジャージを着ていても不思議には思いませんでしたが、服装のＴＰＯを考えたとき教室で授業を教えるときにジャージだと不自然であり、相応しくないからです。制服の学校で生徒に体育時には体操服を義務付け、授業時にきちっとした着装を義務付けるのであるならば、それ相応に教師もその事を実践しなければならないと思います。教師は生徒に見られており、社会にも見られていると考えられます。体育教師も社会の規範、模範としてあるべき教師なので実践すべきです。

◎私の母は体育教師ですが、母の意見は服装は毎年ジャージを買って新しいものを着て、学校への行き帰りや保健の授業は私服で行く、というものでした。確かに今まで母がジャージ姿で家を出ていく姿も、よれよれの服を着て出ていく姿も見たことがありません。その話をしたとき、母は「生徒って、すごく先生のこと見てるもんやねんで。あの先生、なんでいつも同じ服着てるん？って聞いてくる生徒までいるくらい」「生徒が制服に着替えると、自分も講義にふさわしい服装をしなければ、もしある生徒が制服を正しく着用してない場合に、自信を持って注意することができない」と言っていました。なので、自分もできるかぎり着替えることを意識しようと思いました。

２　反対派（ジャージでいいではないか）

◎私は先生の意見に反対です。体育教師なら保健の授業はジャージで行ってもよいと思います。先生がおっしゃるＴＰＯの理由も納得しましたが、体育教師という職業を表す手段としてジャージを着て授業を行うことは表現の自由として私はありだと思います。実際、私の母も中学の体育教師で、ジャージで通勤し、ジャージで授業を行っています。母は自分のジャージ姿が好きだと言っていました。その姿を見ているせいか、保健の授業をジャージで行ってもよいと思うのかもしれません。

◎先生がおっしゃっている事もごもっともですが、中・高の段階であれば、そこまできちんとしなくても良いと思います。中２の時の私達の保健体育を担当した非常勤１年目の先生は、保健の授業の時はきちんとスーツに着替える先生でした。しかし、前の時間に体育の授業があったせいか、いつも保健の授業は汗だくで、「あちー、あちー」と言いながら授業していました。そんなんなら、涼しいジャージ姿で授業を行ったり、着替える時間で汗を拭ったり、シートで体を拭いて汗臭さをとったりする時間に当てればいいのにな、と思いました。その先生以外、保健をスーツで行う先生に当たったことはありません。いつもジャージで保健を行う先生が多いですが、別に違和感を覚えたこともないし、いつもと変わらないジャージ姿で授業をしてもらったほうが、生徒もすんなり授業に入れる気がします。

◎私も生徒が着替えるのだから、先生も着替えるのは普通だと思う。だが体育の先生はジャージというイメージと、それをかっこいいと思う自分がいる。前の授業が体育だったからといって、汗だくの姿で保健に来られるのは困るが、サッと新しいＴシャツに着替えれば問題はないと思う。私は体育教師がジャージで居るということは、気を抜いている訳ではない、それが体育教師のユニフォームなんだと思う。だから私が体育教師になった場合は全力でジャージにお金をかけて、自分にも気合いの入る姿で授業をしようと思うし、生徒からも憧れられる姿や服装でいようと思う。だから私は体育教師のジャージは反対ではない。

◎私は保健の授業はジャージで行く事に賛成である。理由は二つある。一つ目は保健の授業では動きを伴う指導もあると思うので、スーツでは難が出る可能性があると感じるからだ。二つ目は着替える事によって次の授業へ遅れる、もしくは準備が不十分になるという恐れが感じられるからだ。保健の教員に求められる事は、正装で授業する事ではなく、生徒に保健の教養を身に付けさせる事だと私は思う。ただし、伊藤先生がおっしゃっていたような学校訪問の時や急な来校者の事態に備えて、ロッカー等にスーツ、正装を常備しておく事が必要だと思うし、私が教員になったらそのように実行したいと思う。

◎体育の先生は生徒との距離が近いこともありスーツなどで来ると逆に接しづらくなる。私用で、スーツで来ている姿を見た時は違和感を覚えた。何か生徒が怪我をしたり災害があった時に体育の先生ぐらいは直ぐに動ける状態の方が良い気もする。

*

学生の意見は賛否両論とも筋が通っており、興味深く読んだ。

保健体育教師をめざす学生になぜジャージ論議をさせたかというと、ジャージ以外の服装もあり得ることを意識してほしかったからである。

スポーツ・体育専攻の学生はどのような服装で一日を過ごしているのだろうか？　ジャージで通学し講義を受ける学生と、私服で講義を受ける学生とどちらが多いのであろうか？

終日ジャージで過ごしていた学生が保健体育教師になった場合、おそらく何の疑問も持たずジャージ姿を通すだろう。私には、そのことが「常識」になっている保健体育教師の意識に一石を投じたい思いがある。どうか心にとどめてほしい。

保健体育教師に
なろう!
不安に応える
現役教師からの
アドバイス

第11章　運動部活動の顧問になるということ

学生が保健体育教師をめざすきっかけとして「部活動」「クラブ顧問」の存在は大きい。自分が経験した競技で良い指導者になりたいと願うのは当然のことだろう。

クラブ顧問に関して、専門競技以外あるいは専門競技と、２つの場合に分けて述べたい。

1　専門競技以外の顧問になるということ

保健体育教師志望の学生は、誰もが自分の専門とする競技の顧問・指導者になれるものだ、と疑いもなく思っている。だがそうとは限らない。赴任した学校にその競技の先輩顧問がいるかもしれない。あるいはクラブそのものが存在しなかったら、他の運動部の顧問になるのはよくあることなのだ。サッカー部員であった学生が剣道部の顧問になることを、陸上部員であった学生がバスケットボール部の顧問になることを想像してほしい。

私は学生時代に陸上競技部員であったが、着任時は陸上部顧問の先生がおられたため、その先生が定年退職されるまで30年近く陸上部の顧問ではなかった。バレーボール部を15年、バスケットボール部を3年、硬式テニス部顧問を10年経験した。

他にも例がある。私の大学の先輩であるN先生は、在学中にハードル選手として活躍し、学生陸上連盟の役員を務めて学生選手権等の競技運営を経験された。このN先生も陸上部の顧問は8年間だけで、20年以上バレーボール部の顧問であった。理由は、赴任校にその地域の陸上競技協会の役員をしている先輩教師がいたためで、顧問のいなかったバレーボール部を担当したことがきっかけだった。

また30年近く体操部の顧問として体操競技の指導を続けたU先生は、50歳を過ぎてから体操部のない府立高校に異動した。サッカー部の顧問を7年間勤めた後、定年を待たず早期退職し、体操部のある私立高校の非常勤講師になった（ちなみに２０１３年現在、定年退職は、公立校が満60歳、私学校はおおむね65歳である）。

ある県では、体操競技でアジア大会入賞の競技歴を持つ男性教員が、一度も体操部の顧問をしないまま定年を迎えたという。公立中学・高校の教員である限り、異動・転勤は免れない。着任校でどのクラブの顧問になるかは赴任してみないと分からないのだ。

専門競技以外の顧問を経験したことについて、思うことを箇条書きにして述べたい。

1　よかったこと

①さまざまなスポーツをやっている生徒を間近に見ることができた。私が担当したクラブは厳しい練習をやっているところが多かったせいか、どのクラブ員も「自分たちのクラブが一番大変だ」と思い込んでいる。この発見が面白かった。また、教室での普段の姿とクラブ内で見せる姿が違っており、このことも新鮮だった。

②「顧問の仕事とは何か」と常に考えさせられた。コーチ・部員・保護者とのパイプ役でありたい、メンタル面でのサポートをしたい、保健体育教師としてトレーナー的な役割をしたい等、「専門競技でないこと」を補うものを見つけようとした。

③他校の先生との「人脈」が増えた。クラブによって顧問の先生方の雰囲気は違う。硬式テニス部の顧問が、保健体育以外の教科の先生である割合が一番高かったと思う。京都府の高体連テニス専門部の役職に就いておられた先生方は、その後、校長・副校長等の管理職に就かれた方が多かった。入試広報関係の仕事で出張するとよくお見かけした。バレーボール、バスケットボールの顧問の先

生方は、陸上競技とは違ったタイプの先生が多かった。公式練習時のチーム指導、タイムアウト時の選手への指示など監督の役割が身に付いている。団体競技と個人競技の違いによるものだろうか。
④試合会場で多くの学校を訪問できた。試合待ちの時間には学校施設を見学させてもらった。グラウンド配置、体育施設、体育教員室の位置、体育コースを持っている学校の特徴などを実地で見ることができた。

2 困ったこと

①「その競技の試合経験が自分にない」ということが常に居心地の悪さにつながっていた。個人競技出身者は、チームスポーツのウォーミングアップや試合運びが実感としてつかめていない。タイムアウト・集合時にアドバイスを求められたが、適切な指示が出せていたのか正直自信がない。
②どれだけ部員の世話をしても、どこかで「先生は専門でないから」という生徒の反応を感じることがあった。当然だろう。選手の方が自分よりその競技の経験を多く積んでいるのだ。技術の優れた選手ほど、専門の指導者を求めるものだ。
③試合会場で多忙を極める競技専門部の先生は輝いて見えた。審判控え室、本部にいるのが専門部の先生だ。専門外の顧問は居場所がないように感じられた。「あなたはなぜ審判ができないのか」と非難されたこともあった。終日、体育館やテニスコートにいることに、精神的な疲労を覚えたこと

も確かである。テニス、バレーボールは試合時間が読めない。前の試合が延びると、ひたすら待つことになる。テニスでは待った末に日没終了となり、翌日に延びることも多かった。一日を本当に長く感じることもしばしばだった。

④本校の保健体育教師（就職当時8名）の中で専門競技以外の顧問はずっと私のみであった。自分自身も、生徒も「一体何の競技の先生か分からない」と感じていた。

3「雇われ顧問」について

「雇われ顧問のつらさが君に分かるか！」と学内の国語科の先生に言われたことがある。25年以上も前のことだが、今でも忘れられない言葉になっている。「私も専門の陸上部の顧問ではありません」とは言えなかった。「君は保健体育の教師だから運動部の顧問はどこでもできるはずだ」と、反論されただろう。この先生の言う「雇われ顧問」とは、保健体育科以外の教科の教師が運動部の顧問をさせられる、という意味だ。

保健体育教師が運動部の顧問をすることは覚悟の上だろう。他教科の教師が運動部を持つことの負担を、保健体育教師はもっと思いやるべきではないのか。その先生に当該スポーツの経験があり、指導を望んでいる場合は別だ。そうでなければ、試合の付き添いによる休日出勤の連続はやりきれない。試合で同じ一日を過ごすとしても、保健体育教師よりも他教科の教師の方が疲労感は大きいのではないだろうか。

学校内には、運動部と文化部の顧問がいる。文化部といっても管弦楽部、英語部、化学部など活動はさまざまだが、比較すると運動部と文化部では、明らかに顧問の労働量に差がある。「文化部ならば、こんなきつい仕事はしなくて済むのに」と思っている運動部顧問がいても不思議ではない。私がこのような考えを持つようになったのは、専門競技以外の顧問が長かったことが大きな要因ではないかと思う。

しかし教科・専門のいかんを問わず、全ての顧問が「運動部の生徒をともに育てているのだ」という意識を持つことが、部活動を支えていく上で大切なことだ。保健体育教師はこの意識を率先して持ち、さらに他教科の顧問へも心を配り、学校全体の部活動がスムーズに運営されるよう気配りすべきではないか。決して簡単なことではないが、自らのささやかな経験を通して感じていることである。

2 専門競技の顧問になるということ

専門競技のクラブ顧問を任された場合について述べる。ここではコーチング・指導論を展開するのではなく、学外でどんな仕事が待っているのかを紹介したい。

1　運動部員は試合をめざして練習する

高校生の試合の頂点は、「全国高等学校総合体育大会」（全国総体・インターハイ）であるが、全国大会に出場するためには、まず都道府県予選会から勝ち上がらないといけない。通称インターハイ県予選大会・府予選大会とよばれる、5〜6月の大会が部員の目標となる。秋には秋季大会・ジュニア大会とよばれる新人戦が地域ごとに開催される。

このような試合を企画・運営しているのは誰なのか、と考えたことがあるだろうか？

イベント業者でも外郭団体でもない。運動部顧問の先生方が都道府県の「高体連専門部」という組織を作り、役割を分担して行っているのだ。試合申込書を受理する、抽選会の会場を提供する、抽選会・プログラム編成を行う、試合会場を確保する、審判編成を行う、試合当日の運営等々、多くの力が結集されて大会が成立するのだ。

開会式で、あいさつや競技の注意事項を述べる先生が「高体連専門部」の部長・委員長クラスで、本部や審判控え室にいるメンバーの多くが専門委員だ。専門委員になると、学校業務終了後に、膨大な「高体連専門部」の仕事が待っている。並大抵の忙しさではない。互いに勤務先が違うので、会議は夕刻から行われ深夜にまで及ぶケースもしばしばだ。

試合期には、専門委員を含め各学校の顧問も、生徒の大会への付き添いや競技審判、練習試合などで休日はほとんどない。特に5〜6月はインターハイ県予選会・ブロック予選会（近畿大会や東海大会等）などの大会が連続する多忙な時期である（この時期に大学から教育実習生が来ることが多いので現場では大変苦労している）。

中学校や高校の試合では、顧問の付き添いがないと生徒は試合に出場できない。生徒も保護者も顧問が試合に来るのは当然と思っている。また顧問も試合は生徒同様に大事なことと考えている。だが、見方を変えれば「休日出勤の連続で休みのない顧問」という状況が生まれている。土日は試合会場で終日働き、月曜日からは通常の学校業務を行っているのが現状である。

2　都道府県高体連専門部

「高体連専門部」の正式名称は、○○県高等学校体育連盟○○専門部という。公益財団法人全国高等学校体育連盟（33競技種目、図参照）のもとに各都道府県高体連専門部があり、具体的に大会等の企画・運営を行っている。京都府を例に挙げると、京都府高体連陸上競技専門部、京都府高体連バレーボール専門部などである。なお、野球・軟式野球は、日本高等学校野球連盟（高野連）に属しており、高体連とは別組織である。

京都府高体連陸上競技専門部の組織を説明すると、委員長の勤務先が事務局になっている。部長1名・顧問6名・委員長1名・副委員長4名のもとに、庶務、競技、審判、記録、強化研修、会計、監査の各部署があり、それぞれの部は代表である常任委員と副部長、5～10名の専門委員で構成されて

全国高等学校体育連盟の組織図

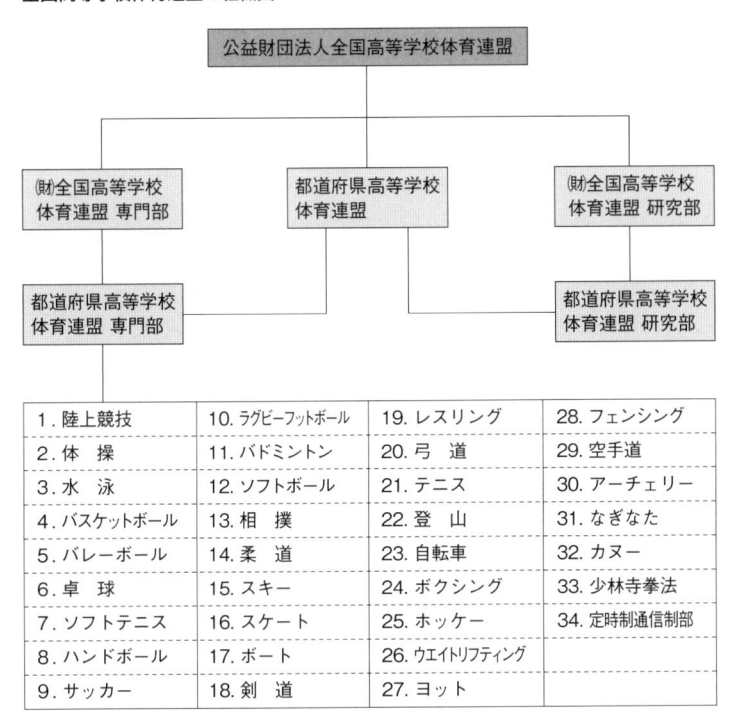

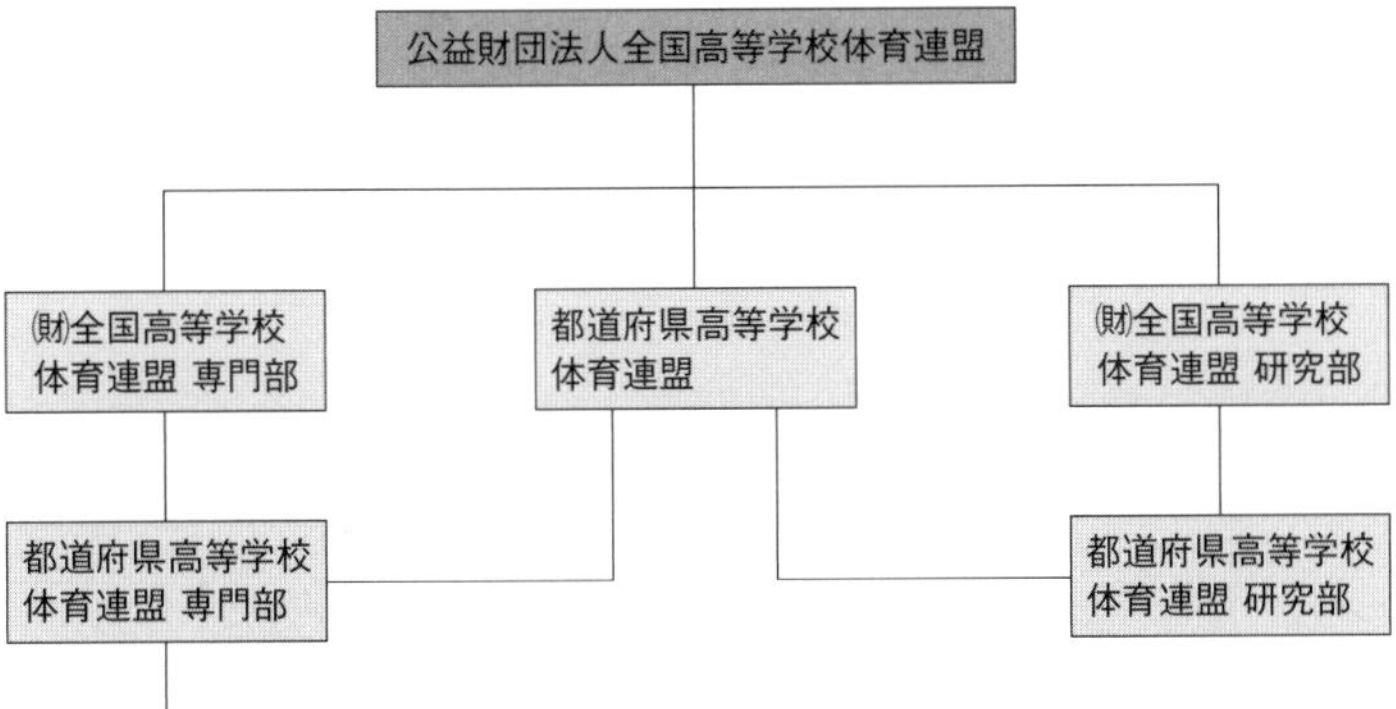

1. 陸上競技	10. ラグビーフットボール	19. レスリング	28. フェンシング
2. 体 操	11. バドミントン	20. 弓 道	29. 空手道
3. 水 泳	12. ソフトボール	21. テニス	30. アーチェリー
4. バスケットボール	13. 相 撲	22. 登 山	31. なぎなた
5. バレーボール	14. 柔 道	23. 自転車	32. カヌー
6. 卓 球	15. スキー	24. ボクシング	33. 少林寺拳法
7. ソフトテニス	16. スケート	25. ホッケー	34. 定時制通信制部
8. ハンドボール	17. ボート	26. ウエイトリフティング	
9. サッカー	18. 剣 道	27. ヨット	

いる。このような専門部の先生方の尽力が、各種大会の運営と競技力向上を支えている。

この高体連専門部でいま全国的に問題になっているのが教員の高齢化である。20～30代の教員が少ないことだ。どの競技専門部も新規採用の教員を必要としている。専門競技の若い教員が赴任すれば、選手の強化指導、都道府県の強化練習会、選抜合宿のコーチとしての役割を担うことになる。また審判部からは審判スタッフとしての働きを期待される。

私の大学の後輩であるN先生は、ある県の高体連陸上競技専門部の委員長を務めている。「委員長、陸上の仕事を続けてどうでしたか」との質問には以下のような回答だった。

> 冗談で「陸上をやっていなければ、家がもう1軒建つね」などと内輪で話す。怖くて計算したことはないが、相当なお金を使っていることは間違いない。出張旅費ですべてまかなえるはずがなく、外に出れば余分な出費が必ずある。また、旅費が出ない遠征が多々あり、金銭面の問題は避けては通れないテーマだ。
> 次に家庭の問題がある。大指導者といわれる人の多くは「家庭崩壊寸前」という話を聞く。家庭を顧みず、選手ひと筋に休みもなく、練習に明け暮れるパターンが根強くある。熱心な保護者もそれを求め、社会的評価、学校での評価につながっている現実もある。
> 本来のスポーツの意味、学校部活動とは何かということを最近考える。「家庭第一」を心掛け実践

しているつもりだが、妻子は冷たい視線で私を見るだけで、自分にとっては大きな問題だ。教員としての仕事の問題もある。職場での理解は一応のレベルにあるが、出張が多く、授業の振り替えや自習が多くなるのは避けられない。学校によっては管理職から叱責を受けるケースもある。職場での昇進の問題もある。学校にいないことが多いので、校内で重要なポストを任せられない、部活動の指導力はあり、すごい人だが、他の仕事はいい加減またはできない等いろいろな声も聞く。保健体育という教科ほど大切な教科はない、とプライドを持って授業に取り組んでいる指導者がどれだけいるのか不安である。（N先生）

保健体育教師をめざす学生は、これまでにさまざまな部活動や試合の経験をしてきているだろう。その部活動がいまの自分に少なからず影響を与えてきたと感じているなら、これらの部活動や試合を支えてこられた顧問の先生方の存在とその労力がどれほどのものだったか、いま一度考え直してみてほしい。

［引用・参考文献］

○全国高等学校体育連盟ホームページ　http://www.zen-koutairen.com/organiz.html

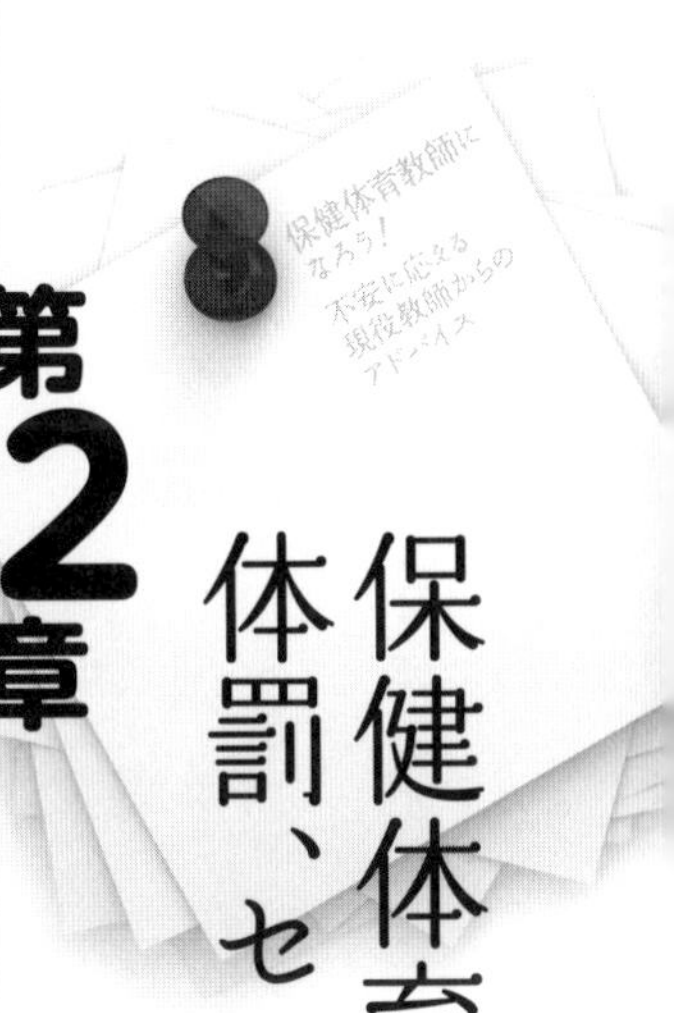
保健体育教師に
なろう!
不安に応える
現役教師からの
アドバイス

第12章 保健体育教師と体罰、セクハラ

1 大阪市立桜宮高校の運動部員の体罰死

保健体育教師と体罰は、いまや深刻なテーマになった。教育現場において、体罰はあってはならないものだ。学校教育法第11条は、

「(校長及び教員は)体罰を加えることはできない」

と明確に禁止している。では、なぜ体罰はなくならないのか。

それは２０１２年12月のことだった。大阪市立桜宮高校のバスケットボール部主将の男子生徒（17歳）が、顧問教師（47歳）からの体罰を苦にして自殺するという痛ましい事件が起こった。この事件が世の明るみに出た翌年1月は、体罰に関する記事が新聞・テレビ・インターネットなどさまざまなメディアを賑わした。

自殺した男子生徒は、顧問の男性教師から、頬に数十回という異常な回数の平手打ちを受けていたという。２月半ばには、顧問の執拗な暴力行為によって精神的苦痛を与えられたことが自殺の大きな要因と認定され、大阪市教育委員会は顧問を懲戒免職処分にした。

自殺した男子生徒はノートに「バスケさせてくれてありがとう」「両親に感謝」とメモ書きの遺書を残していた。また、自殺する４日前に書いたという、手渡されることのなかった顧問宛の手紙が新聞紙上で公表された。その一部を掲載する。

「先生が練習や試合で、自分ばかりに攻めてくるのに僕は不満を持っています」

「キャプテンしばけば何とかなると思っているのですか？　毎日のように言われ続けて、僕は本当に訳が分からないとしか思っていません」

2 次々と発覚する体罰問題

桜宮高校の事件に端を発して、その後、陸上競技や柔道、バレーボールなど、全国の高校の強豪クラブでの体罰問題が次々と明るみに出た。体育授業中の体罰も明らかになった。また暴力的な指導をしたとして、各地で教職員が処分されたことが毎日のように報じられた。

この問題は学校体育の枠を超えてトップスポーツにまで飛び火する。柔道日本代表の女子選手15人が連名で、代表監督らから暴力や暴言を受けていたことを日本オリンピック委員会に告発し、監督やスタッフが処分されるという大問題に発展した。

一連の問題を受けて読売新聞は、大阪本社社会部「体罰問題取材班」による、「『体罰』考―アスリートに聞く―」と題した連載記事を掲載した。さまざまな競技の元アスリートのコメントの中で、私は２０１３年1月25日に読売新聞関西版に掲載された、プロ野球巨人の元投手・桑田真澄氏の手記に深く共感した。桑田氏は「服従の結びつき　時代遅れ」と題したコメントの中で次のように指摘している。

「必要なのは技術と体力、自分とチームメートを信じるメンタルタフネスであって、気合と根性、痛みに耐える忍耐力だけでは勝てないのです」

「この数十年、スポーツ界では戦術も道具もトレーニング方法も進化しています。それなのに、指導者だけが古い精神論から抜け出さないでいます」

「時代に合わせて指導方法も変えていかなければならないのです」

「理不尽な体罰が繰り返されるなら、勇気を持って誰かに相談して下さい。我慢することよりも、まず自分の身体と精神を守ることの方がずっと大切です」

事件発覚後、私の周囲でもこれまでにない反応が起こった。私が高校の保健体育教師であるということだけで、

「大変ですね」

「先生の学校は大丈夫ですか?」

と聞かれるのだ。マスメディアの連日の報道で、保健体育教師への世間の視線がこれまでより一層厳しくなっていると感じさせられた。

そのような状況を踏まえて私は、桜宮高校の事件後の1月に、顧問である陸上部のミーティングを招集した。生徒たちだけでなく、心配している保護者も多いと思ったので、これから述べる内容を必

ず親に伝えるよう注意した。

本校の陸上部の方針は「自由」である。各々が自己ベスト記録を出すために走っているのだ。パートごとに練習メニューを決め、目標とする試合に向かって練習している。顧問にやらされる練習ではなく、選手自らが決めた練習である。本校ＯＧである私自身も、高校生の当時は練習メニューを自分で考えた。これが本校の伝統である。だから、私たちの陸上部に体罰はない。

そして、「何か困ったことが起こったら相談してほしい。それに対応するのが顧問の仕事である」と付け加えた。

同志社高校の陸上部は近畿大会出場をめざすレベルで、全国インターハイ常連校ではないが、生徒は真剣に競技に取り組んでいる。ここでは平均的な学校の一例として紹介した。

いまから30年も前の話だが、私がかつて女子バスケットボール部顧問を務めていた時、ある役員の先生から、

「ハーフタイムに選手を作戦盤で殴らないでください」

と顧問打ち合わせ会で注意があった。当時、作戦盤で殴られて耳の鼓膜が破れた選手がいたのである。

球技ではハーフタイムやタイムアウトでの顧問やコーチの指示が、試合の流れを大きく変えること

がある。その際に「気合いを入れろ」と選手に手を上げる顧問が時にはいて、それによって見違えるほど後半の動きが良くなったチームを見たことがある。そのあたりに暴力的な指導が入り込む余地があるのだろう。

読売新聞の「体罰」考では、様々な元アスリートの意見が紹介されており、非常に興味深かった。その主張からはスポーツを追求したトップ選手ならではのリアリティが感じられ、机上の空論に陥りがちな識者談話とは違う異彩を放っていた。

とはいえ、実際に生徒と接している現役保健体育教師の生の声が掲載されたケースは少なかった。その中では、２月２日付け京都新聞で目にした元プロ野球選手で、山口県の早鞆高等学校保健体育科教諭、野球部監督の大越基氏のコメントが印象に残った。「論理的な言葉で導こう」と題した大越氏の記事（共同通信配信）を全文転載する。

> 実は高校で野球の指導者になる前、体罰は必要だと思っていた。子どもにとっていわゆる「愛のムチ」は必要だろうと。自分自身、学生時代はそういう指導を受け続けてきたし、今となっては感謝している部分も、正直言ってある。
>
> でも指導の現場に出てみて、そんな考えはすぐ吹き飛んだ。私が高校生だった二十数年前とは、あらゆる条件が違う。

最近の子は少子化もあって大事に育てられているせいか、厳しく怒られることに慣れていない。すぐ萎縮して、辞めていってしまう。ちょっと厳しい指導をすると、保護者からもすごく責められる。そんな状況では、体罰なんてとても考えられなかった。

指導を始めて最初のころは、悩んでばかりだった。元プロ野球選手だったので、気づかないうちにとても偉そうに生徒に接していた。自分の意にそぐわない行動には怒鳴り飛ばしていた。そのたびに生徒はうつむき、試合には負け続けた。

そうして2年くらいたった時、生徒が失敗したら怒鳴るのではなく、具体的な言葉でアドバイスするように指導法を変えた。生徒たちの行動も目に見えて前向きになり、結果的に甲子園に出ることもできた。

スポーツ強豪校を預かる指導者というのは、いつの時代も立場は厳しい。学校や保護者、世間からは常に実績を残すようプレッシャーをかけられる。結果を出さなければ首だから、どんどん焦っていく。そうして指導者が自分を制御できなくなる時に、体罰が起きるのではないかと思う。

指導する上で、体罰は絶対許されない。今や、どんな言い訳も通用しない。今後は、言葉のコミュニケーションでどれだけ生徒を良い方向に導けるか、指導者の資質がより厳しく問われる時代になるだろう。

とにかく指導者自身が勉強し続けるしかない。コーチングや心理学の本を読んだり、いろいろな人の話を聞きに行ったり、できることはいくらでもある。私自身、より良い指導法はないか、今も試行錯誤の日々だ。

生徒たちは育った環境も能力もみんな違う。大人から見れば、至らぬ点ばかり目につく。イライラして、つい手を上げたくなる気持ちも痛いほど分かる。

でもそこで大事なのが「我慢する」ということだ。グッとこらえ、あくまで論理的に、言葉で諭していく。手を上げたら指導者の負けだと、一人一人が自覚することが、体罰根絶の第一歩だと思う。

3 体罰、セクハラ、パワハラ

私は運動部活動での体罰やセクシャルハラスメント（セクハラ）、パワーハラスメント（パワハラ）には人一倍気を遣ってきたつもりだったから、体育授業でもこの種の問題が横行している事実を知って衝撃を受けた。同志社大学で講義をするようになって、高校時代に受けた体育授業・教師のマイナス面を書けという課題を学生に出したところ、こんな答えが返ってきた。２０１１年度と２０１２年度の学生が答えたレポートの一部を紹介する。

◎人をモノみたいな扱い方する。考え方が硬い↓自己中心的。柔道の授業で、できない子を対象に投げ技を行い、受け身が取れず骨折させていた。受け身の重要性は怪我する前に説かねばならず、受け身が出来る子を見本にして投げ技しなければならないと思う。（男・大阪府出身）

◎体育教師は言動に筋が通っていなかったり、理由を言わずに叱ったり、乱暴な人が多いイメージがある。体育会的なノリがきついときがある。（男・和歌山）

◎どなりつけて上から押さえる感じ。程度の過ぎた暴力。「とりあえず何かをさせとく」という中身のない授業。変にトレーニングばかり。できなかったときにばかにしたり、「何でできないんだ」と言ったり。セクハラ発言。（男・兵庫県）

体育授業でのセクハラやパワハラが許されないことは言うまでもないが、このことはきわめてデリケートな一面を持つ。教室での授業と違って、体育授業には必然的に身体活動が伴う。教師が良かれと思った行為であっても、生徒の受け取り方次第で、熱心な指導と評されることもあれば、セクハラ行為とみなされることもあり得る。

テニスを指導する場合を例にあげてみる。

初めて素振りを指導する場合、教師は生徒の前で見本を見せながら動きの説明をする。その後生徒に練習をさせるが、教師は生徒の間を見て回りその動きを観察する。明らかにフォームがおかしい生徒がいれば、教師は生徒の手を持って正しいラケットの持ち方を示し、正しいフォームを教えることが考えられる。事実関係はこれだけである。

ところが、この生徒が女子で、指導した教師が男性だった場合、生徒が家で親に、

「体育の授業で、男の先生に手をさわられて嫌だった。自分ばかり見られて気持ち悪かった」

と言えば「セクハラ行為」とみなされかねない。

また、こんなケースも考えられる。球技の授業でゲームをする場合、プレーヤーの生徒以外はコートの外にいるわけだが、外にいる生徒たちが勝手にボールで遊びをしていれば、教師は当然注意する。ボールがコート内に入れば、プレーヤーのケガにつながる恐れがあり、ゲームを見学するのも授業の一環であるとの判断もあるからだ。しかし、その注意の言葉が厳しい表現であれば、「教師が暴言を吐いた」となってしまう。

生徒は家庭で、自分がなぜ叱られたかという理由は言わず、ただ「体育の○○先生に○○をされた」と言うだけだ。そして親はその不満や苦情を、当の保健体育教師や顧問に言わず、校長や教頭、担任に電話越しにぶちまける。これが昨今の学校現場の現状である。

２０１３年２月８日付けの読売新聞に、大阪府立の全高校１５５校を調査したところ、50人超の教

職員による「体罰」があったという、次の記事が載っていた。

体罰のあった2校のケースは「授業中にふざけたり指導に従わなかったりした生徒を教員がたたいた」という。申告の中には「長時間正座をさせた」「居眠りした生徒の頭を、手帳でポンとたたいた」などの事案もあり、大阪府教育委員会は個別に聞き取りをしたうえで、体罰に当たるかを精査する。

体罰やセクハラ、パワハラが良くないことは明らかだ。しかし、なぜその生徒を教師が叱ったのかという理由について報じられることはあまりない。それほどまでに教師を怒らせた原因は何であったのか。生徒がどのような行為をしたからか？

4 生徒・選手を叱るとき

叱るときはなぜ叱っているのか、理由を生徒に説明する必要がある。

「君は今○○をしていたが、○○○だから良くないので、先生は君を叱った」

あるいは、「なぜ怒られたのか、わかるか？」という問いを生徒に投げかけてもよい。教師の世代には当たり前のことが、いまの生徒には当たり前でなくなっている。生徒は自分がなぜ叱られているのか分からないまま、教師の「お説教」が終わるのを待っている。これは双方にとってマイナスにしかならない。

私は現在、学校で次のようなことを生徒に言い聞かせている。

「先生に校内で会ったら挨拶をしよう。保護者宛に配られた封筒は必ず親に渡そう。遅刻をするのはやめよう……」

すべて当たり前のことばかりである。これらの常識は、高校で教えるべきものであろうか。しかし、現在の高校生ができていないことだから注意し続ける。大学に行けばおそらく誰も注意してくれない。何回も言わなければならず根気がいる。しかし、自分ができる身近なことからやっていくしかない。

「体罰やセクハラ、パワハラは行わない」と口で言うのは簡単だが、保健体育教師は生徒との関わりの中で、この問題と日常的に向き合っている。体育は生徒に運動の楽しさを体感させる科目であり、運動部活動は生徒に得意な種目を追求させることがテーマである。どちらも、その過程で楽しさと喜びを感じさせることが目標で、決して生徒を悩ませ、苦しめるためのものではないはずだ。すべての保健体育教師は、桜宮高校のこの事件を契機に初心に戻り、保健体育教師のあるべき姿を再考する機会とすべきではないか。

＊

これから保健体育教師をめざす学生に伝えたい。特に、強豪校で体罰を受けた経験を持つ学生には、教師になったら体罰の連鎖を断ち切ってほしい。自分が受けた体罰を絶対に生徒に繰り返してはならない。プレーや態度に不満があれば、何が悪いのかきちんと生徒に言葉で説明をする。体罰を使う指導は動物の調教と変わらない。

文部科学省は２０１３年３月、学校教育法が禁じている「体罰」と、そうでない行為の区別を示して全国の教育委員会に通知した。心しておきたい。

○体罰
・殴る、蹴る、頬をつねる、頭を平手でたたく、ペンを投げて当てる
・長時間の正座や直立
・用便や食事を禁じる
○懲戒（生徒指導上の懲戒として認めているもの）
・居残り、宿題、掃除をさせる
・立ち歩きの多い子を叱って席につかせる
・部活の練習に遅刻した子を試合に出さない

・他の子や教師に暴力をふるう子の体を押さえつける
・全校集会を妨げる子の腕を手で引っ張って移動させる

部活動については「学校教育の一環で、体罰禁止は当然」と指摘し「顧問の独善的な目的で執拗かつ過度に肉体的・精神的負荷を与えることは教育的指導ではない」とした。

〔引用・参考文献〕

○桑田真澄「服従の結びつき　時代おくれ」『読売新聞』関西版、２０１３年１月25日、朝刊
○大越基「論理的な言葉で導こう」『京都新聞』２０１３年２月２日、朝刊

保健体育教師に
なろう！
不安に応える
現役教師からの
アドバイス

第13章 女性保健体育教師が直面する妊娠・出産・育児の問題

この章では女性保健体育教師特有の問題を扱うが、男女を問わず全ての学校関係者に知ってもらいたい内容である。

結婚した場合、女性には妊娠・出産という、人生の大きな出来事が待っている。その際、妊娠中の体育実技の授業をどう行うか、また、出産後の育児にどう向き合うかが問題になる。これに関わって、結婚した女性が仕事を続けるために重要な2つの法律がある。労働基準法と男女雇用機会均等法がそれで、働く女性の母性健康管理措置、母性保護規定を示している。さらに平成15年には少子化を防ぐために次世代育成支援対策推進法ができた。

1 妊娠に伴う体育実技の軽減措置

労働基準法第65条3には、

「使用者は、妊娠中の女性が請求した場合においては、他の軽易な業務に転換させなければならない」

とある。また、男女雇用機会均等法第13条には、

「事業主は、その雇用する女性労働者が前条の保健指導又は健康診査に基づく指導事項を守ることができるようにするため、勤務時間の変更、勤務の軽減等必要な措置を講じなければならない」

と定められている。

これを受けて公立学校では、妊娠時の体育実技についての軽減措置が運用されているが、その内容は都道府県によって違う。

ここでは京都市教育委員会が作成した『京都市子育て応援ハンドブック』（平成24年8月発行）での体育実技に関する記述を引用する。

4　体育実技免除

(1)制度の趣旨

妊娠中の教員にかわり体育の実技指導にあたる講師等をつけることにより、体育指導の充実を図るとともに、母体の安全を図るための制度です。

(2)措置の内容

担当教員が行う授業の中で、その指示に従い実技の示範及び指導にあたるために、非常勤講師を措置します。（ただし、長期休業期間中を除く。）

（中略）

(4)中学校及び高等学校教員の場合

ア　基準

体育担当教員で妊娠中の方がいる場合、出産休暇に入るまでの間、担当授業のうち、体育実技を免除します。体育実技の該当時間は非常勤講師をもって用いることができます。

イ　事務手続

該当者は、妊娠を証明する医師の診断書を添付して、体育実技免除願を学校長に提出してください。体育実技免除を願い出る期間中に、実技担当時間数の変動がある場合は、その期間ごとに時間数を記載してください。

京都府教育委員会教職員課に問い合わせたところ、冊子・文章化したものはないが、運用として非常勤講師を充てることは30年前から制度として存在し、学校事務が手続きを把握している、との回答があった。

また、京都府立高等学校教職員組合の作成した「教職員の権利一覧」という文書の中に次のような記載があった。組合が要求して勝ち取った取り決めであろう。

②妊娠教職員の労働軽減

・高校の体育実技は、妊娠はじめから非常勤講師の配置がある。但し保健の授業を除く。

2　軽減措置はどのように適用されているのか

この軽減措置の実際はどのようなものであろうか。京都府の公立学校で行われている、妊娠中の専任教師と非常勤講師の体育授業を説明する。

2名で教場に行くが、授業の学習指導案を作るのは専任教師であり、非常勤講師は実技活動（準備運動や示範、実技指導）を行う。専任教師は椅子に座って授業を観察する。評価をするのも専任である。専任教師が産休に入ると、非常勤講師が引き続き産休中の非常勤講師となることが多い。

このように京都府の公立学校では、妊娠中は非常勤講師と共に授業をすることが制度化されている。京都府公立校の女性保健体育教師に聞き取り調査したところ、２０１３年現在、T先生（53歳、１９９０年出産）、N先生（49歳、１９９０・92年出産）、S先生（40歳、２００６・09年出産）、T先生（34歳、２００８・11年出産）らがこの制度によって産休に入るまで授業をしたという。

しかし、非常勤講師雇用が可能になった時期に関しては、都道府県によって異なる。すでに退職されたK先生（67歳）によれば「東京都では１９７０年代後半から雇用できた」ということだが、岡山県のA先生（60歳、１９７８・80年出産）、岐阜県のA先生（59歳、１９８３・84年出産）は、いずれの場合も産前６週間まで実技を一人で担当したという。現在では、ほとんどの都道府県の公立学校で妊娠中に非常勤講師を雇用できるようになった。

では、私立学校ではどのようになっているのか。これは学校ごとに違うので、各校の就業規則の内容を調べなければならない。

私学高校に勤める現在61歳の私は、34年前の１９７９年に妊娠した。その際、非常勤講師を雇用する考えは学校側に全くなく、男性教師の保健の授業を全て私が担当し、私の実技の授業を男性教師に代わって担当してもらった。本校（同志社）の就業規則に妊娠中の非常勤講師雇用の項目はなく、保健の授業に振り替える方法は、先輩の女性保健体育教師の前例にならったものだった。「激動を禁ず」

という医師の診断書によって産前半年前から体育実技を免除されたことは、当時の私学校の中では恵まれた措置であった。

京都の他私学の教師に聞き取り調査をしたところでは、退職されたB校のI先生（70歳、１９６４・71・74年出産）は3回とも産前6週間まで体育実技を行った。また、退職されたK校のA先生（68歳、１９８０・83年出産）も2回とも産前6週間前まで体育実技を行った。N校のT先生（63歳、１９７７年出産）は産前8週間まで体育実技と体育祭のマスゲームの指導をしていたという。なかには、「流産したことがある」と証言してくれた先生もいた。

多くの聞き取り調査の後に「その後、妊娠した先生は保健体育科にいましたか」と聞いてみると、「私以降、いない」という答えが多かった。公立・私学とも新規採用の先生が少ないからだ。また、独身の女性保健体育教師も多いように思われる。

3　妊娠中になぜ非常勤講師が必要になるか

私自身、若い時は「妊娠しても実技の授業をやる」ことが頑張ることであると考えていたように思う。また「妊娠は病気ではない」という考え方もある。世間一般には、妊婦が運動不足にならないためのマタニティスイミングや体操教室といったものも存在する。ただし、仕事として体育授業をすることと、マタニティスイミングとを同じ次元でみることはできない。生徒一人ひとりの学習活動に心を配り、実技の示範を行い、不測の事態が生じれば責任を持ってその対処にあたらねばならない。生徒がけがをしたら助け起こして保健室に担いで連れて行くことがあるかもしれない。そんなケースでは妊娠中の教師1人では対応できないので、非常勤講師の補助が必要になる。

実技を受け持った妊娠中の教師の腹部に、生徒の投げたボールが強く当たったり、弾みで転んで流産した場合に誰が責任を取れるというのか。これはあり得ない話ではない。

先に紹介した『京都市子育て応援ハンドブック』の記述の中の「体育指導の充実を図るとともに、母体の安全を図るための制度です」は、制度の趣旨を示す貴重な一文だ。

4 産休は何週からか、育児休業はいつまでか

労働基準法第65条によって、女性の出産休暇は産前6週間（多胎妊娠の場合は14週間）、産後は8週間が保障されている。しかし現在では、京都府も京都市も本校（同志社）就業規則にも、産前8週

間の休暇が取得できると記載してあり、産前産後各８週間が一般的になっている。これらは組合が要求して勝ち取ってきた権利である。

東京都教職員組合北多摩東支部の「２０１２年版　生き生きと働くための私たちの権利」のパンフレットの冒頭の文章を引用する。

> 妊娠・出産にかかわる権利は、安心して子どもを出産するため、勤務を制限することで母体保護を目的とする休暇です。これまで長い時間をかけて組合が要求し勝ち取ってきた権利です。（労働基準法では給与の規定はありませんが、組合の長年の要求で東京都は有給になっています。）

また、公立学校では、２０１３年現在、子どもの３歳の誕生日の前日まで育児休業を取得できる。この育児休業制度は、当初は子どもの1歳の誕生日の前日までであったが、京都府立高等学校教職員組合の「教職員の権利一覧」には次のように記載してある。

> 男女全ての教職員が、産休後、子どもが３歳未満まで取れる。

私事になるが、１９７９年に第一子を出産した時は、８週間で職場に復帰し、昼間は「里親の家」（保育園に入所できない子どもを里親の家庭で保育する、京都市独自の制度）に子どもを預けていた。体育教員室の洗面所で母乳を絞って捨てていたことを今でも覚えている。１９８２年に第二子を出産した時には同志社に育児休業制度が導入された年で、保育園入所前の３月31日まで休むことができた。４ヶ月間の休業であったが、本当にうれしく思った。

参考までに一般企業の場合をみてみると、産休については「産前産後各８週間」、または「産前産後通算16週間」、育児休業については「1歳の誕生日の前日の属する月の末日まで」または「満1歳まで」というのが一般的なようである。

5 子育てとクラブ顧問の両立の困難

働く女性は誰もが、妊娠・出産・育児をめぐって、仕事を続けることの困難に直面している。その中で、公立学校の教師は育児休業期間が最も長く保障され、復帰後も産前と同様の仕事ができる恵まれた環境にある。

しかし育児については、保健体育教師特有の困難さがつきまとう。「クラブ顧問」の問題である。11章で述べた「休日のないクラブ顧問」の問題に、育児が加わってくる。選手が出場する大会に顧問として付き添いをする場合、誰が子どもの世話をするかというテーマである。これが夫婦とも保健体育教師であるケースでは、2人とも同じ日に家を空けなくてはならないことが、往々にして生じる。

私は今まで多くのクラブ顧問を経験してきたが、どの試合会場にも、子ども連れの女性教師がいた。私がバレーボール部の顧問をしていた当時は、ベンチ入りの際はマネージャーに子守をしてもらい、練習試合の一日を親子で体育館で過ごしていた。

もっと家を空ける期間が長くなる合宿や遠征時は、問題も深刻になる。子どもの世話を夫や実家に頼むことができる家庭環境ならばよいが、時にはベビーシッターを雇うなど、家族以外の助けが必要な場合も出てくる。

6 保健体育教師をめざす学生へ

まだ学生のあなたにとって、このような問題には実感がわかないだろう。だが将来のために、母性保護のさまざまな制度があることを知っておいてほしい。

核家族化が進んだ現代では、出産・育児は男女共に積極的に関わらなければならないテーマだ。男性も配偶者の出産休暇・男性育児休暇を取得することができるようになった。男子学生には、将来の同僚あるいは配偶者の問題として考えてほしい。保健体育教師同士が結婚するケースはよくあるものだ。

ただし、これまで述べてきたように、公立学校では妊娠中の非常勤講師の雇用・育児休業制度は当然の制度とされているが、私立学校では必ずしもこの制度は完備されていない。学校によって事情は違うが、非常勤講師を雇うことは財政的に難しいところが多いはずだ。

女子学生であるあなたが、将来教師となり結婚し妊娠したら、この章に書いてあることを保健体育科の男性教師に説明して欲しい。保健体育科では女性教師は今でも少数派だ。「妊娠した教師は自分の学校にいなかったので、そのような制度は知らない」と言う男性教師は多い。

制度がなければ組合を通して声を上げてほしい。管理職に、

「生徒を育てる立場の教師に、母性保護の法律が運用されないのはおかしい」

と訴えてほしい。なりたくてなった保健体育教師ではないか。子育てを理由に辞めてはいけない。

〔引用・参考文献〕

○厚生労働省「働く女性の母性健康管理措置、母性保護規定について」
http://www.mhlw.go.jp/bunya/koyoukintou/seisaku05/01.html
○京都府教育委員会（２０１２）『子育て応援ハンドブック』
○京都府立高等学校教職員組合（２０１２）『教職員の権利一覧　府立学校編』

○東京都教職員組合北多摩東支部（２０１２）『生き生きと働くための私たちの権利』

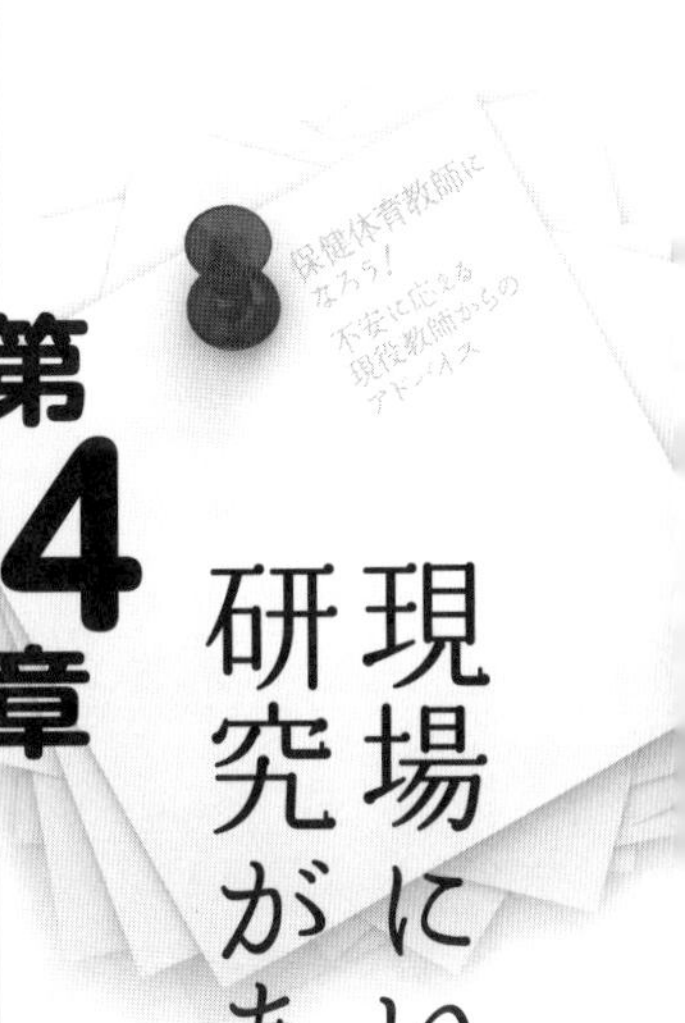
保健体育教師に
なろう!
不安に応える
現役教師からの
アドバイス

第14章 現場にいるからこそできる研究がある

私が日本体育学会に参加したのは、２００９年に広島大学で開催された第60回大会からである。さまざまな専門領域の中で、特に体育科教育学分科会のシンポジウム・口頭発表を聞くことができたことは大きな収穫であった。研究発表は私にとって大きな刺激となり、来年は発表者になりたいと強く思った。

「研究」とは大学教授だけが行うものではない。現場からの積み上げで成立する研究領域があるはずだ。体育の授業を丁寧に綿密にやり続けることが研究につながる。

私は、第61回（２０１０年、中京大学）、第62回（２０１１年、鹿屋体育大学）の日本体育学会で口頭発表を行った。その時に発表した研究を紹介する。

1　「スピード曲線」測定を取り入れた女子高校生短距離走授業に関する研究

高校1年生女子全員に「100mスピード曲線」を作成させる授業をはじめてから、34年が経過した。全員を測定した回数は13回にわたり、のべ2306名の生徒が走った。

1　測定方法

50分の授業時間の中で、1クラス（30～40名）全員を測定する。10m間隔に並んだ生徒が、ランナー通過時に挙手することにより、プリンター付ストップウォッチで10mごとの通過タイムを測定することが可能となる。生徒は2名ずつ走る。

ゴールした生徒は10mごとのタイムが全て印字された記録レシートを受け取る。10mごとに並んだ生徒は、1組終わるたびに10mずつスタート地点に向かって移動する。走り終わった生徒はその列に加わる。

この方法により、時間に無駄がなく、全員参加型の授業が可能になる。授業後、生徒は記録レシートをもとに、10mごとの速度変化をグラフにした「スピード曲線」を作成し、感想文を書く（図1・

図1　記録レシートと生徒の感想文

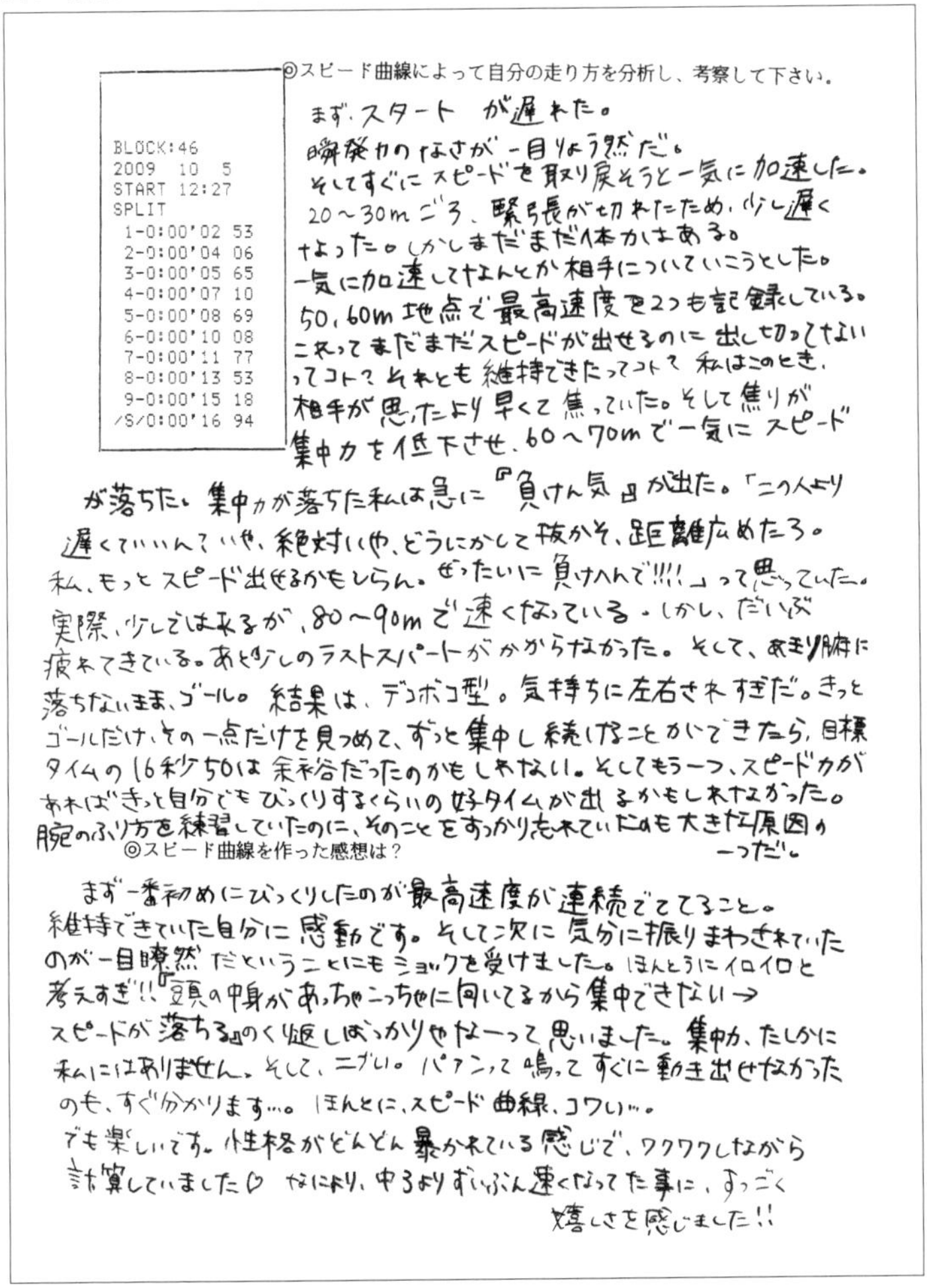

BLOCK:46
2009　10　5
START 12:27
SPLIT
1-0:00'02 53
2-0:00'04 06
3-0:00'05 65
4-0:00'07 10
5-0:00'08 69
6-0:00'10 08
7-0:00'11 77
8-0:00'13 53
9-0:00'15 18
/S/0:00'16 94

◎スピード曲線によって自分の走り方を分析し、考察して下さい。

まず、スタート　が遅れた。
瞬発力のなさが一目りょう然だ。
そしてすぐにスピードを取り戻そうと一気に加速した。
20～30mごろ、緊張が切れたため、少し遅くなった。しかしまだまだ体力はある。
一気に加速してなんとか相手についていこうとした。
50、60m地点で最高速度を2つも記録している。
これってまだまだスピードが出せるのに出し切ってないってコト？ それとも維持できたってコト？ 私はこのとき、相手が思ったより早くて焦っていた。そして焦りが集中力を低下させ、60へ70mで一気にスピードが落ちた。集中力が落ちた私は急に『負けん気』が出た。「この人より遅くていいんていや、絶対いや、どうにかして抜かそ、距離広めたろ。私、もっとスピード出せるかもしらん。ぜったいに負けへんで!!!!」って思っていた。実際、少しではあるが、80～90mで速くなっている。しかし、だいぶ疲れてきている。あと少しのラストスパートがかからなかった。そして、あまり腕に落ちないまま、ゴール。結果は、デコボコ型。気持ちに左右されすぎだ。きっとゴールだけ、その一点だけを見つめて、ずっと集中し続けることができたら、目標タイムの16秒50は余裕だったのかもしれない。そしてもう一つ、スピード力があればきっと自分でもびっくりするくらいの好タイムが出るかもしれなかった。腕のふり方を練習していたのに、そのことをすっかり忘れていたのも大きな原因の一つだ。

◎スピード曲線を作った感想は？

まず一番初めにびっくりしたのが最高速度が連続でてること。維持できていた自分に感動です。そして次に気分に振りまわされていたのが一目瞭然だということにもショックを受けました。ほんとうにイロイロと考えすぎ!!『頭の中身があっちゃこっちゃに向いてるから集中できない→スピードが落ちる』のくり返しばっかりやなーって思いました。集中力、たしかに私にはありません。そして、ニブい。パアンって鳴ってすぐに動き出せなかったのも、すぐ分かります…。ほんとに、スピード曲線、コワい…。

でも楽しいです。性格がどんどん暴かれている感じで、ワクワクしながら計算していました♡ なにより、中3よりずいぶん速くなってた事に、すっごく嬉しさを感じました!!

図2　生徒の書いたスピード曲線

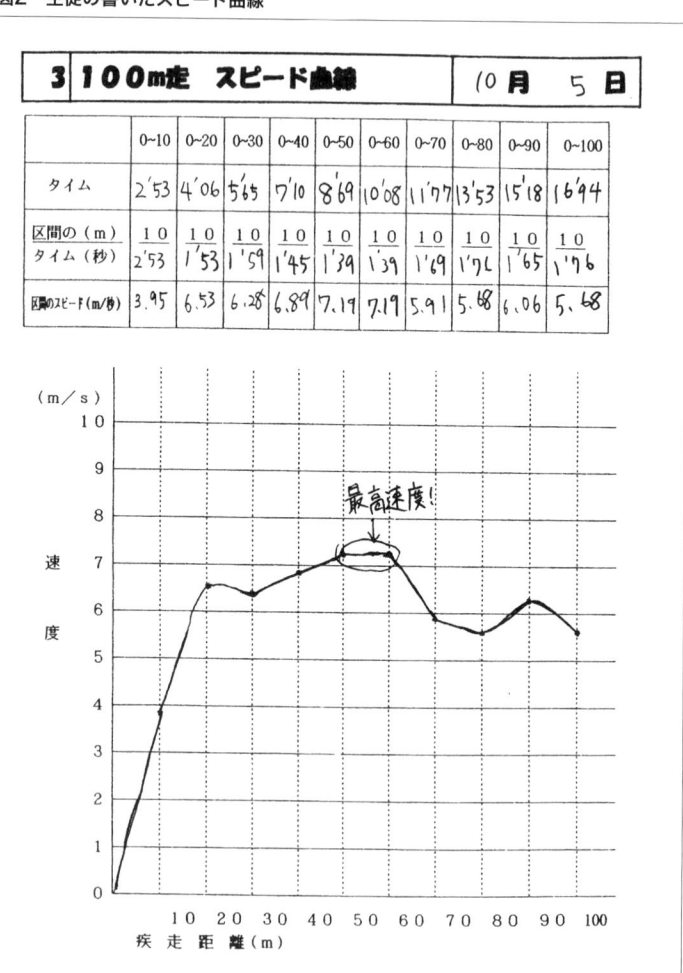

3	100m走　スピード曲線	10月　5日

	0~10	0~20	0~30	0~40	0~50	0~60	0~70	0~80	0~90	0~100
タイム	2'53	4'06	5'65	7'10	8'69	10'08	11'77	13'53	15'18	16'94
区間の（m）／タイム（秒）	10／2'53	10／1'53	10／1'59	10／1'45	10／1'39	10／1'39	10／1'69	10／1'72	10／1'65	10／1'76
区間のスピード（m/秒）	3.95	6.53	6.28	6.89	7.19	7.19	5.91	5.68	6.06	5.68

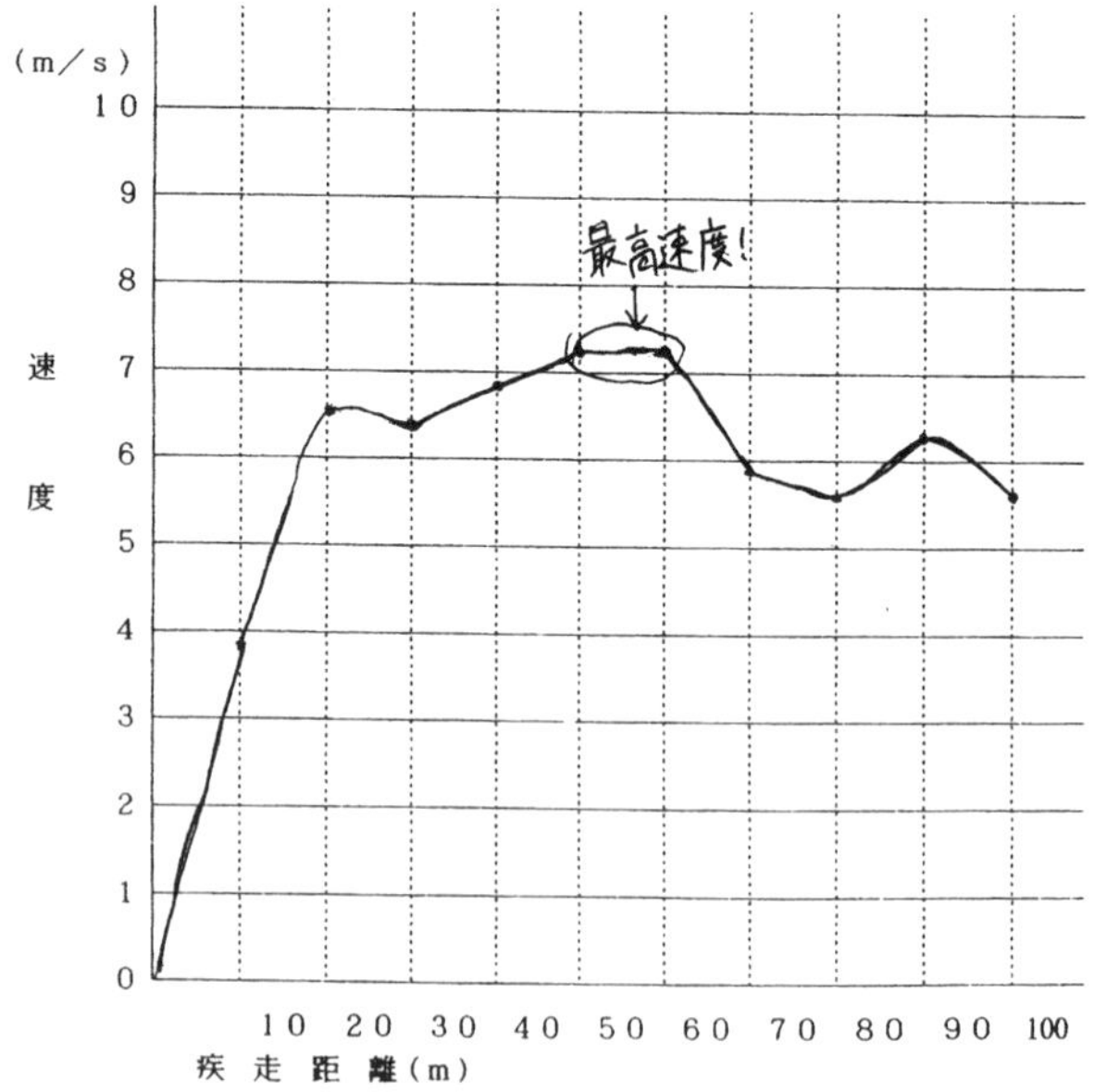

２）。

〈例〉

「自分の気持ちがそのままグラフに表れていたのでびっくりした」

「スピード曲線の点を結ぶドキドキ感がいい。冷静に分析すると新たな発見があった」

「自分の走法を客観的に見ることは面白い」

単に走らせてタイムだけで評価するのではなく、生徒自身による速度変化の分析を通して、向上を模索するための可能性を考察させた。

2　測定の歴史

はじめて生徒に測定させたのは昭和51（１９７６）年のことであった。学校中のストップウォッチを14個集め、スタートのピストルの合図で全員がウォッチを押し、各地点のタイムを測定した。グラウンドに斜めに１００ｍメジャーを置き、メジャーの両サイドを2人ずつ走るのだが、計測は10・20・30・40・60・80・１００の7地点のみであった。

平成に入ってからは全天候型走路を走り、プリンター付ストップウォッチで10ｍごとの全てのタイムを測定している。

２００９年度の対象は高校1年生女子１７７名。運動部加入率は34・５％、平均身長および体重は

１５８・１㎝、48・５㎏、１００ｍ走の平均タイムは17秒68であった。

３　手動計時・挙手方法の正確性

正確性に関しては、伊藤宏（静岡大学）による同時ビデオ測定を行い、分析ソフトによって、手動計時・挙手方法とＶＴＲ計時を比較した。変化傾向に大差はみられず、この測定方法による考察は可能であると判断した。

４　スピード曲線の型分類と女子高校生の傾向

スピード曲線を、速度変化の特徴によって７つの型に分類した（図３）。

その結果、一般女子高校生は、スピードを一定に保つことができず変動を繰り返す「デコボコ型」の生徒が30・７％と最も多いことがわかった。これらの生徒の感想文には「私の走りは気分に大幅に左右される」「頭の中身があちこち

図3　スピード曲線の分類

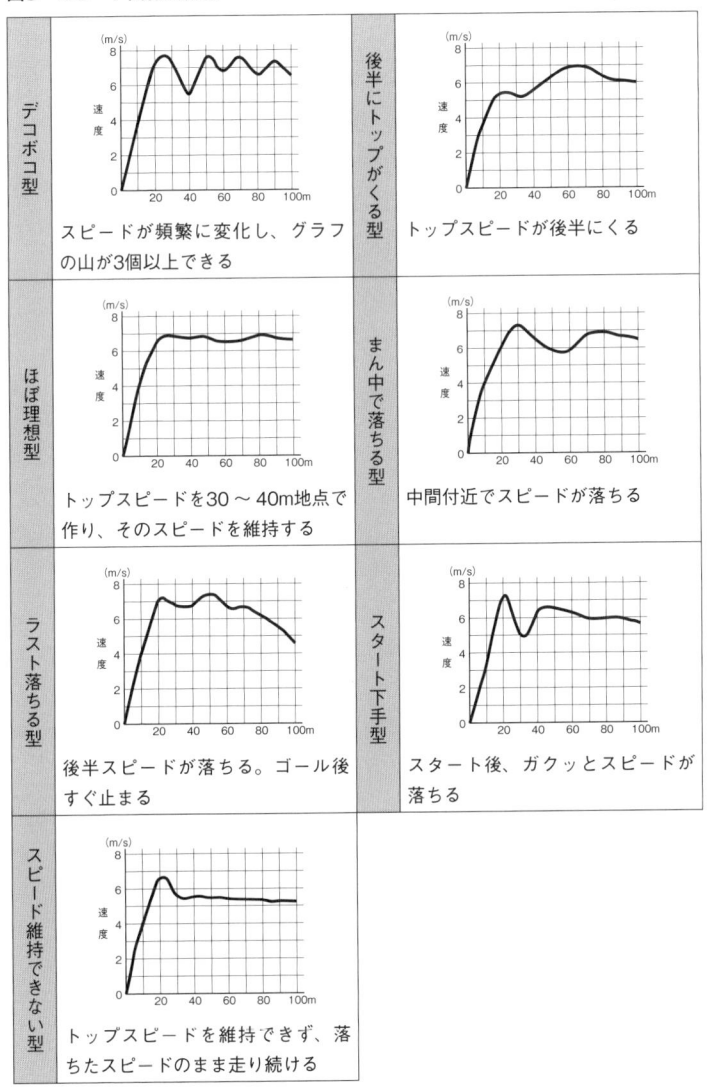

デコボコ型

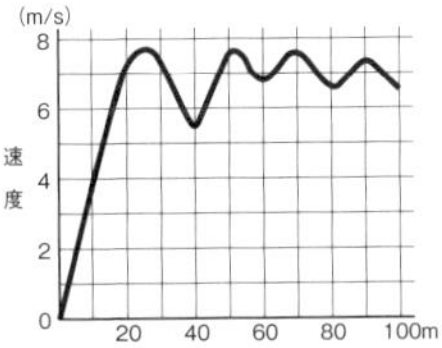

スピードが頻繁に変化し、グラフの山が3個以上できる

後半にトップがくる型

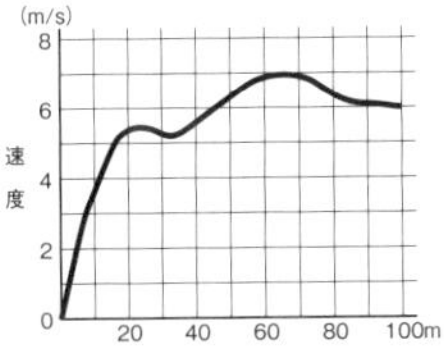

トップスピードが後半にくる

ほぼ理想型

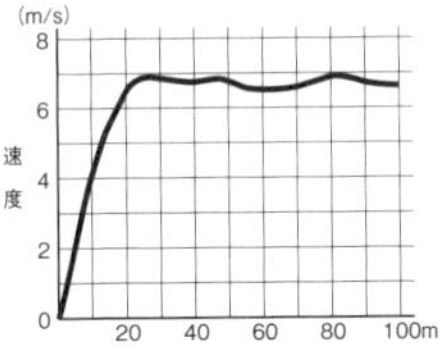

トップスピードを30～40m地点で作り、そのスピードを維持する

まん中で落ちる型

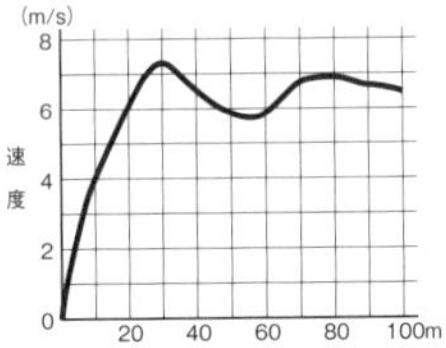

中間付近でスピードが落ちる

ラスト落ちる型

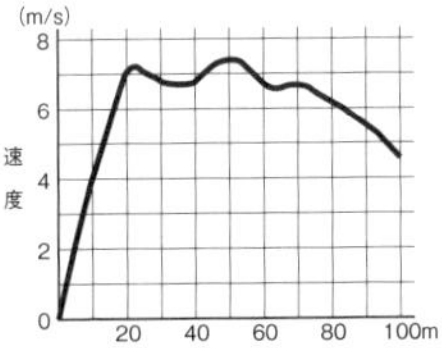

後半スピードが落ちる。ゴール後すぐ止まる

スタート下手型

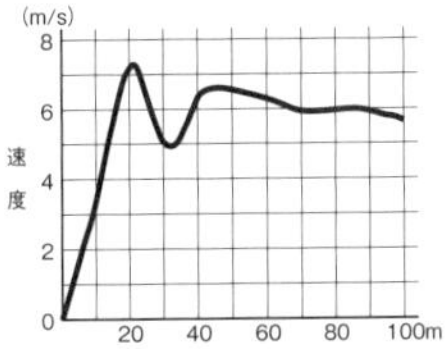

スタート後、ガクッとスピードが落ちる

スピード維持できない型

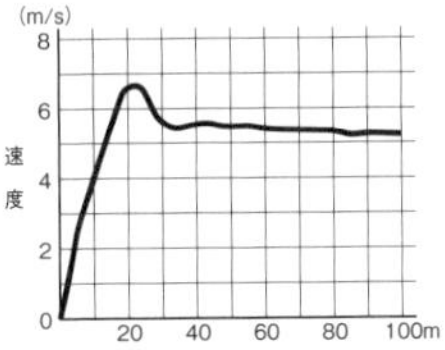

トップスピードを維持できず、落ちたスピードのまま走り続ける

図4　高校1年女子2学期の100m平均タイム

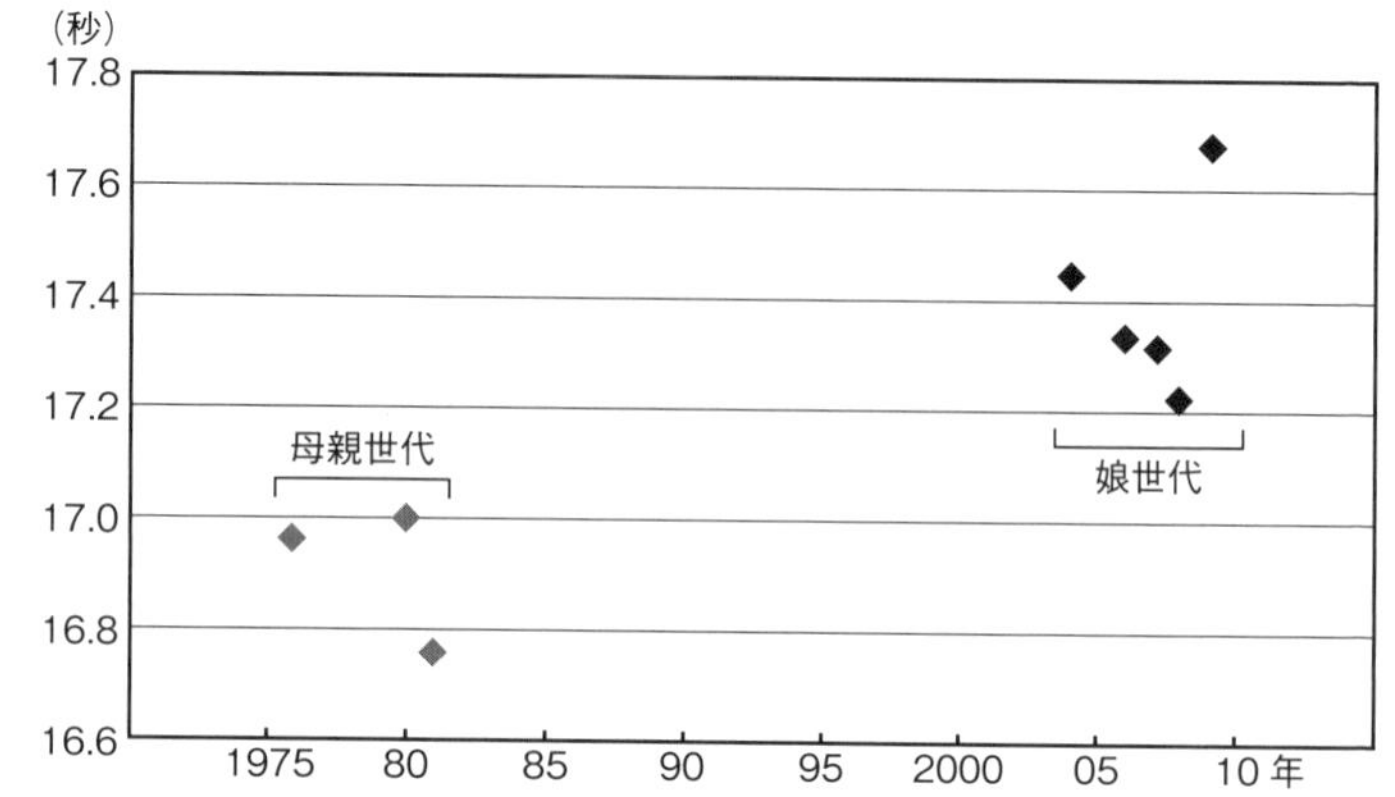

に向いて集中できない↓スピードが落ちるのくり返し」などの記述が多く、気分や気持ちに左右されていることがわかる。

また、スピードを維持できる筋持久力がない。短距離の選手は１００ｍを一気に駆け抜けるが、一般生徒は15〜20秒の長い間に何度も息つぎをしながら走る。心理的に１００ｍは長く、走りきるための筋力や体力が不足している。

5　平均タイムの経年比較

同時期の2学期に実施した学年の平均タイムを経年比較した。「母親世代」が高校生の時の方が、平成の「娘世代」より速かったという興味深い結果が出た。２００９年の時点で45〜50歳の女性が高校1年生の時の平均タイムは16秒76〜17秒00であったが、２００９年の時点で高校生〜大学生の平均タイムは

17秒23～17秒68であった（図4）。

私学校に勤務すると、生徒たちのタイムを定点観測できる。子どもの体力低下に関しては多くの指摘があるが、定点観測のメリットを活かして、その実態の一端を明らかにすることができた。長年の授業のタイムを残していたことが今回の研究につながった。

次に、なぜ平成の「娘世代」が遅いのか、スピード曲線の分析を通した研究を紹介する。

2 高校1年生女子「100mスピード曲線」世代間の比較に関する研究
――なぜ母親世代は娘世代より速かったのか

前項では「スピード曲線測定を取り入れた女子高校生短距離走授業に関する研究」を紹介した。以下では、「なぜ母親世代は娘世代より速かったのか」について述べる。

1 研究対象

研究対象は京都・同志社高等学校の2つの年代である。

【母親世代】

図5　母親世代・娘世代のスピード曲線

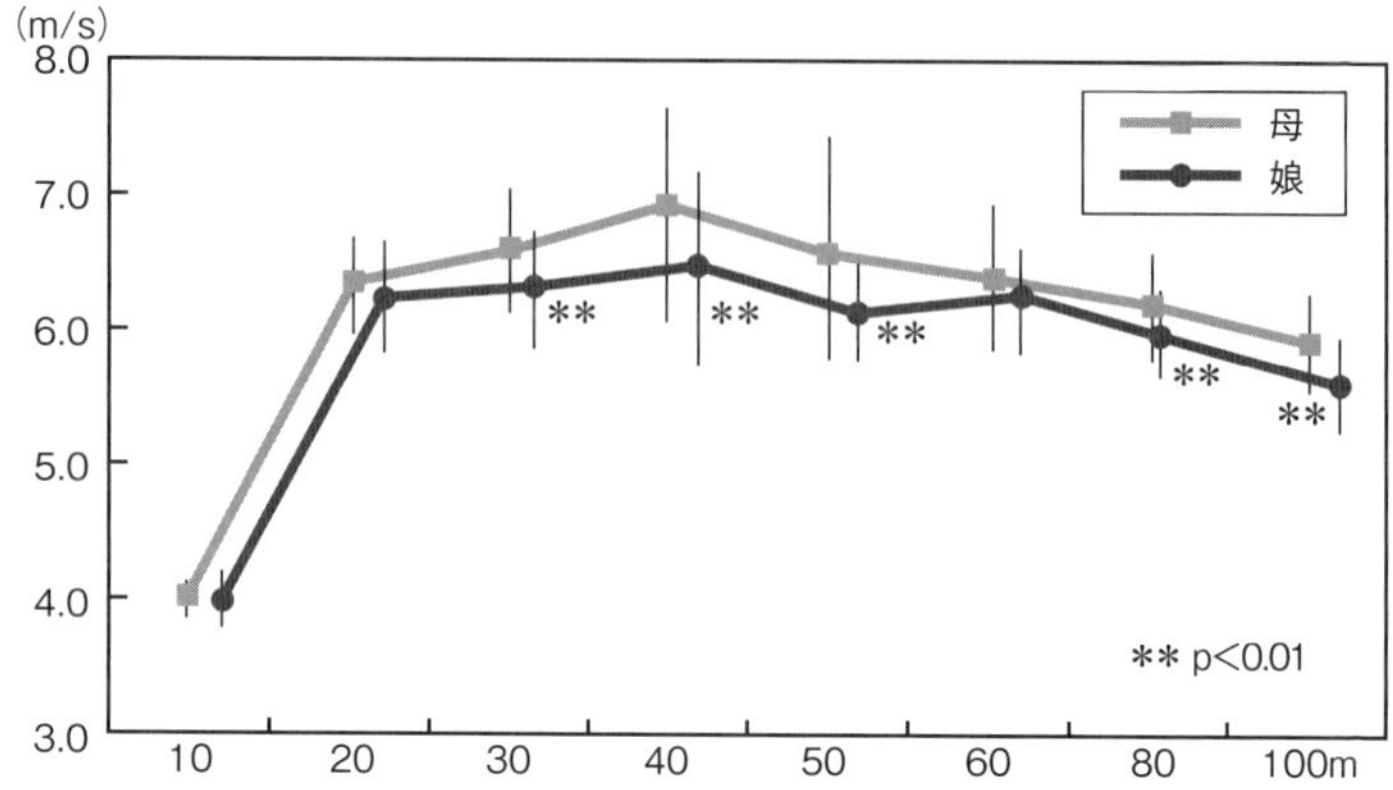

　1980年度の高校1年生132名（2011年時点で47歳。1964年生まれ）。

【娘世代】

　2009年度の高校1年生178名（2011年時点で18歳。1993年生まれ）

　100mの平均タイムは母親世代が17・05±1・17秒、娘世代が17・68±1・15秒であった。

　測定方法と場所には違いがある。母親世代は1人が走るのに8個のストップウォッチで各地点のタイムを計測し、土のグラウンドを走った。娘世代はプリンター付きストップウォッチ1個で生徒の挙手により10mごとのラップタイムが測定でき、全天候型走路で走っている。

2　研究方法および考察

母親世代・娘世代ともに区間ごとの平均タイムと

図6　母娘スピード曲線型比較

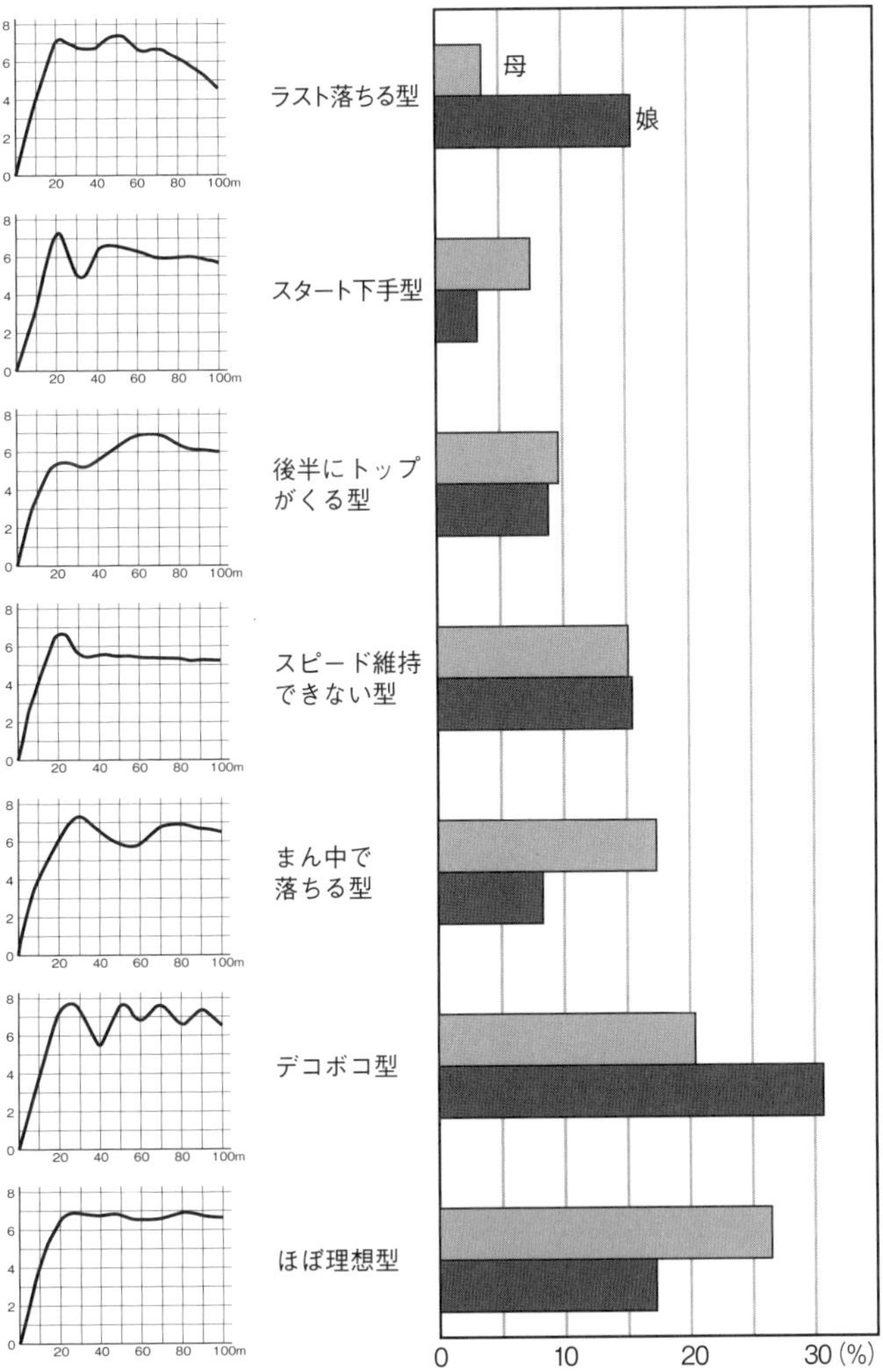

平均速度を算出し、平均値によるスピード曲線を作り2つのグラフを比較した。また両世代のスピード曲線を様々な観点から考察した。

図5の「母親世代・娘世代のスピード曲線比較」から、母親世代はどの地点でも娘世代よりも速かったことがわかった。母親世代のグラフの折れ線は全て娘世代の上にある。

仮に、平均タイムの走者が同時に走ったと仮定すると、母親世代が50m通過時に娘世代は1・7m後方を、母親世代のゴール時には0・63秒差で3・5m後方を走っていることになる。トップスピードの平均値も、母親世代7・35±0・72m／s、娘世代7・14±0・85m／sと母親世代が有意に速い値を示した。

図6の「母親世代・娘世代のスピード曲線型の比較」から、スピード曲線の型にも違いが見られ、母親世代は短距離選手のような「ほぼ理想型」、娘世代はスピードが変動する「デコボコ型」が最も多い。母親世代と娘世代に有意な差が見られる型は、母親世代はスピードが落ちても持ち直す「まん中で落ちる型」であり、娘世代はスピードが落ちたままゴールする「ラスト落ちる型」であった。母親世代はスピードが速く、トップスピードを維持し続ける能力に優れていることがわかった。

3　なぜ母親世代は速かったのか

原因に関しては、外遊びやスポーツ活動時間の減少、交通機関や生活習慣の違いなど多岐にわたる

表1　学習指導要領による体育（保健体育）の授業時間数の比較

	母親世代	娘世代	備　考
小学校第１学年	102	90	1年間の総時間数（体育）
小学校第２学年	105	90	
小学校第３学年	105	90	
小学校第４学年	105	90	
小学校第５学年	105	90	
小学校第６学年	105	90	
中学校第１学年	125	90	1年間の総時間数（保健体育）
中学校第２学年	125	90	
中学校第３学年	125	90	
高　等　学　校	体育　7～9 保健　　2	体育　7～8 保健　　2	標準単位数
同志社高校体育	9 [3・3・3]	7 [3・2・2]	[学年配当]

と思うが、本研究は私学校に長く勤務した体育授業者の立場から考察を進めた。

母親世代と娘世代の体育授業を担当して感じる一番の違いは、「授業時間数」である。母親世代は高1からずっと週3時間の3・3・3（標準単位数9）であったが、娘世代は高1で週3時間、高2と高3は週2時間の3・2・2（標準単位数7）である。授業の時間数が減ると一単元に費やす時間数が減る。陸上競技の授業は20時間の母親世代に対して、娘世代は10時間であった。

小学校と中学校の体育の授業時間数を、当時の学習指導要領をもとに調べてみると、表1のように大きな違いがあることがわかる。1年間は35週と計算するので、母親世代の小学校の105時間という数字は週3時間体育があったことを示す。注目すべきは、母親世代の中学校の保健体育の

１２５時間という数字である。この１２５時間を経験したのは、２０１１年の時点で46～52歳の人と推定される（地域・学校によって移行期間に差はあるが）。娘の90時間は学校五日制になってからの数字である。同志社高校では高校1年生に週3時間の体育を履修させているが、週3時間の体育は初めてで疲れると述べる生徒が増えている。

母親世代は昭和43～45年度に改訂された学習指導要領の下で過ごした、最も体育授業時間が多かった世代である。これに対して、娘世代は平成10年改訂の学習指導要領で、最も体育授業時間が少ない世代であったと考えられる。母娘でスピードとその維持能力に大きな差が生じたのは、小学校から高校までの長期間にわたる体育の総時間数の差があったことが大きな要因であった、と考えられる。

平成23年度から小学校、24年度から中学校の授業時間数が１０５時間に増えたのは望ましいことである。平成の生徒を長いスパンで観察する必要性を感じる。

このように、現場にいてもできる研究、教師だからこそできる研究がある。読者である学生のみなさんも、現場に出てから自分だけの研究を見つけて、学会で胸を張って発表して欲しい。「研究」は大学教授だけの専売特許ではないのだから。

［引用・参考文献］
○伊藤博子（２００８）『体育教員をめざす学生のために　高田典衛先生から学んで』北斗書房
○伊藤宏（２０１０）「女子高校生の１００ｍ疾走後の感想文のテキストマイニング分析」『日本体育学会第61回大会予稿集』
○伊藤博子（２０１０）「１００ｍスピード曲線測定をとりいれた高校１年生女子短距離走の授業に関する研究」『日本体育学会第61回大会予稿集』
○伊藤博子（２０１１）「高校１年生女子１００ｍスピード曲線　世代間の比較に関する研究」『日本体育学会第62回大会予稿集』

保健体育教師に
なろう！
不安に応える
現役教師からの
アドバイス

最終章 保健体育教師になろうよ

この本では、教員採用試験の難しさ、部活動の多忙さ、授業を行うことの大変さなどを多く語ってきた。ここまで読んで、それでも保健体育教師をめざしたいと思うならば、どこまでも初心を貫いてほしい。

1　保健体育教師になって良かったと思うこと

1　体育授業に関して

体育を嫌いだと感じていた生徒が、

「体育を好きになった」

「身体を動かすのが楽しい」

と言ってくれるようになると、とてもうれしい。身体を動かすことの楽しさを一人でも多くの生徒に感じさせることが、保健体育教師の喜びになる。身体活動の楽しさを生徒とともに味わっていけることも、保健体育教師に特有の喜びである。

保健体育教師の第一の仕事は「体育の授業」だ。当然と言えば当然であるが、私が一番理解してほしいことである。保健体育教師の給与は、公立学校では税金から支払われており、私立学校は生徒の授業料で賄われている。保健体育教師の向き合うべき対象は一般生徒である。体育の授業をすることが仕事なのだ。たとえ部活動の指導がどれほど大変であっても、休みがなくても、部活動を言い訳にして授業の手を抜いてはいけない。生徒に文武両道を求めるのであれば、教師も同様に授業と部活動を両立すべきだ。
授業の対象は運動部員ではなく、体育が苦手かもしれない一般生徒である。必修科目でなかったら、全員が体操服に着替えて集まるだろうか。分かりやすく、楽しい授業を行うにはどうしたらよいか。少なくとも生徒に「嫌ではない」と思わせるにはどうしたらよいか。私は今でも試行錯誤を繰り返しながら毎日の授業に取り組んでいる。
生徒の感想文を読むと、身が引き締まる思いがする。2010年2学期の高校3年生女子の感想文を紹介したい。

「私は体育めっちゃくちゃ嫌いで、1年も2年も3年1学期もずっと4（10段階評価：伊藤）やって、ほんまにほんまにほんまに体育を何回もうらんで、のろって、体育さえなくなってくれたらって何度も思ってました。でも（たぶん高校になってはじめて）、なんとなく体育も良いかなって思えるようになりました。インド舞踊（フォークダンス：伊藤）の『体の動かし方』が好きやったんやと思います。最後に『嫌いでない』体育に会えてほんとうによかったです」

確かに、きちんとした授業を行うことは大変だ。だから、学期最後の体育授業を無事に終えた日は、あたかもマラソンを完走したかのような満足感に浸ることがある。事故やけがもなく学期を終えられたことに感謝し、夜はひとり祝杯をあげるほどだ。

成績づけが終了すると、夏冬春の休みに入る。学生時代と同様のサイクルで仕事と生活ができることは教師の特権だ。部活動の練習や合宿などの仕事はあるが、自分のやりたいことに費やす時間を作ることができる。

2 部活動に関して

部活動に関わることができるのは幸福なことだ。一途に競技に打ち込む高校生の姿を見ていると、かつての自分を思い出し、原点に帰ったような気がする。選手がベスト記録を出せば喜び、府（県）・近畿（地域ブロック）・全国など上位の大会へ出場が決まると喜び合い、ともに遠征する。

誰もが全国インターハイに行けるわけではない。チームや選手によって目標とする試合は違う。顧問にとって大事なことは、選手それぞれのベストのプレーを引き出すことだ。

合同合宿などで他校の顧問の先生方と話をすると、練習方法や生徒の指導法など、学ぶことは盛りだくさんである。高校生の部活動では、複数の学校が寄り合う合同合宿は得難い経験になる。

私はかつて陸上競技の選手だったので、グラウンドが自分の居場所であった。今もグラウンドで仕事をし、顧問を務めている。好きなことを続けてきたという思いがある。好きなことが仕事となり給料をもらえる、このような職業選択ができたことは本当に幸せだと思っている。

2 健康の専門家でもあるという誇りを持つ

高田典衛は『よい体育授業と教師』の中で次のように述べている。30年ほど前に書かれた文章とは思えないほど、このテーマはいま一層の重みを持つ。

本書のテーマ、体育教員は健康の専門家であるという誇りを持たせることが必要、その教育が欲しい、という点をあげたいと思う。

では、それはなぜか。私も実は教員養成に関係するまでは、この事実の重要性にそれほどは気付かなかった。しかし保健体育科が小・中・高・大学となぜわが国では必修なのか、その理由は何かという講義をしてみて改めてこの事実を確認するにいたったのである。必修の理由は健康のためだと講義したところ、学生達のほとんどが教科の目標が『素晴らしい！』としてその現実に感動し、ある学生はそれでは指導に自信が持てないとわが身を反省したり、またある学生は、だからこの職に生涯を捧げる覚悟ができたと熱意を示したりするなど、その反応の大きさにはこちらの方が驚かされたほどだったからである。

では、それまで保健体育科の教員は何を専門とする教員だと考えていたのかといえば、ほとんど全員が、スポーツの指導者、それも運動部の選手養成の指導者、というのが共通してあげていた教師観であった。しかしわが国のこれからの体育教員の在り方としては、それだけではもう通用しないというのが学校教育の現実ではないかと思う。

保健体育という教科は、運動・スポーツを扱う体育実技と健康を主に扱う保健から成り立っているが、ともすれば前者に比重が置かれがちではないだろうか。しかし、保健体育科は、人々が健康に生きるために必須の教科なのであり、保健と体育がセットになっている意味もここに見出せる。そして、その専門家として保健体育教師がいる。こう考えてみると、やりがいのある大きな仕事ではないか。

3 夢をあきらめない

「保健体育教師になりたい」「この職に生涯を捧げよう」とどこまでも思い続けることだ。諦めることなく採用試験を受け続けることだ。「保健体育教師になりたい」という強い意志は表情に現れ、最後まで思い続けた者に道は開かれる。夢をあきらめず、保健体育教師という職業を勝ち取ってほしいと願っている。

〔引用・参考文献〕

○高田典衛（１９８５）『よい体育授業と教師』大修館書店、２１６～２１７頁

伊藤博子（いとう ひろこ）

1952年京都府生まれ。東京教育大学を卒業後、同志社高等学校に勤務。2009年から同志社大学スポーツ健康科学部で嘱託講師として、「保健体育科教育法A」という講義を週1時間担当している。

保《ほ》健《けん》体《たい》育《いく》教《きょう》師《し》になろう！——不《ふ》安《あん》に応《こた》える現《げん》役《えき》教《きょう》師《し》からのアドバイス

NDC375/xiv, 175p / 19cm

初版第1刷発行——2014年3月1日

著　者——————伊《い》藤《とう》博《ひろ》子《こ》
発行者——————鈴木一行
発行所——————株式会社 大修館書店
〒113-8541　東京都文京区湯島2-1-1
電話 03-3868-2651（販売部）　03-3868-2299（編集部）
振替 00190-7-40504
[出版情報] http://www.taishukan.co.jp/

装丁・本文デザイン—石山智博（TRUMPS.）
組　版——————加藤　智
印刷所——————横山印刷
製本所——————難波製本

ISBN978-4-469-26756-3　Printed in Japan